SHODENSHA
SHINSHO

志 運命の十二大決戦

義浩

祥伝社新書

はじめに

「三国志《さんごくし》」の醍醐味《だいごみ》は、戦いにある。国の存亡《そんぼう》を定める戦いには、人々の叡知《えいち》のすべてが注《そそ》ぎ込まれるからであろう。しかし、その詳細が伝わることは少ない。『孫子《そんし》』の冒頭の計篇《けいへん》に、「兵とは、詭道《きどう》なり（戦いとは、騙《だま》しあいである）」と記されているように、戦いでは敵の裏をかくことが最も肝要《かんよう》とされた。となれば、戦いの具体的な状況や戦法は、教えたくないものである。正史《せいし》と総称される中国歴代の史書が、戦いの具体像を描くことに積極的ではない理由の一つである。

もちろん、それが正統とすべき人の能力の高さを後世に伝えるものであれば、具体的な戦術が正史に記されることもあった。『三国志』武帝紀《ぶていき》［武帝という称号を曹魏《そうぎ》の成立後に贈られた曹操《そうそう》の本紀《ほんぎ》〈皇帝としての年代記〉］に記載される官渡《かんと》の戦いは、その典型的な事例である。『孫子』に注《ちゅう》［注とは解釈のこと。現在でも『孫子』は、魏武注《ぎぶちゅう》と呼ばれる曹操の解釈に従って読解されている］をつけた三国一の兵法家である曹操は、『孫子』に書かれているとおりの運動戦を展開し、少数の兵を用いて官渡の前哨戦《ぜんしょうせん》である白馬《はくば》の戦いに勝利を収《おさ》めた。

ところが、陣地戦となった官渡の戦いそのものの記述は、白馬の戦いほど詳細ではない。曹操の勝利は、許攸《きょゆう》の裏切りに依存するからである。ましてや、周瑜《しゅうゆ》に敗れた赤壁《せきへき》の戦いは、武帝紀では、劉備《りゅうび》と戦い、疫病《えきびょう》が流行《はや》ったので兵を退《ひ》いた、と書かれている。周瑜の名すら、記されないのである。曹魏を正統とする陳寿《ちんじゅ》の『三国志』だけから、赤壁の戦いの具体像を復元することは不可能に近い。

しかし、それでは物語は紡《つむ》げない。元《げん》末明《みん》初の羅貫中《らかんちゅう》がまとめ、清《しん》の毛宗崗《もうそうこう》が完成した『三国志演義《さんごくしえんぎ》』は、さまざまな知識を総動員して、戦いを描き出す。たとえば、赤壁の戦いの際に、諸葛亮《しょかつりょう》が行なったとされる「草船借箭《そうせんしゃくせん》」は、『三国志』呉《ご》主《しゅ》伝の注［劉宋《りゅうそう》の裴松之《はいしょうし》の注。『三国志』の記事が簡単であるため、異説を補う形式をとり、本文を解釈する注とは異なる、史学としての注のつけ方がされている］に引用される『魏略《ぎりゃく》』と『新唐書《しんとうじょ》』張巡伝《ちょうじゅんでん》とを併《あわ》せて創作されている。

毛宗崗本『三国志演義』［『三国志演義』の決定版、本書の『三国志演義』はこれに基づく］から、概略《がいりゃく》を掲げよう。

周瑜は、自分の計略をすべて見抜く諸葛亮を恐れ、その殺害のため、軍議で十万本の矢を三日間で作ることを約束させる。諸葛亮は、三日目の夜、魯粛《ろしゆく》の船二十隻に、それぞれ藁《わら》の束と三十人の兵を載せて、長江《ちようこう》の対岸に築かれた曹操の陣へと漕《こ》ぎ出していく。船が陣に近づくと、諸葛亮は船を一列に並べ、一斉に太《たい》鼓《こ》を鳴らして鬨《とき》の声を挙げさせた。濃霧《のうむ》のため、曹操は、伏兵を警戒して討って出ず、矢を雨のように射かけて対抗する。一方、諸葛亮は、船を返してさらに敵陣に近づき藁に矢を受け止めた。朝日が上がって霧《きり》が晴れかかるや、引き返すよう命じたが、藁束には隙間《すきま》もなく矢が刺さっている。諸葛亮は、声を揃《そろ》えて、「丞相《じようしよう》、矢をありがたく申し受ける」と叫ばせた。

感嘆する魯粛に諸葛亮は言った。「大将ともあろう者が、天文に通ぜず、地理を知らず、奇門《きもん》を知らず、陰陽《いんよう》の術をわきまえず、陣型の図を見分けられず、兵法の勢に明らかでないようでは、物の用にも立ちません。わたしは、三日前からすでに今日の霧を察知していたので、わざと三日と日限を切ったのです。公瑾《こうきん》殿［周瑜］は、わたしに十日の間に作るよう命じておいて、職人や材料を押さえ、これを口実に殺そうとされた。わたしの運命は天にかかっている。公瑾殿には命を取れますまい」。魯粛はただ感服するばかりであった（『三国志演義』第四十六回）。

「草船借箭」は、魯粛を舞台まわしに配置し、諸葛亮が周瑜に比べていかに自分が優《すぐ》れているかを説明する場面で、「智絶《ちぜつ》」〔智慧《ちえ》のきわみ、毛宗崗本は姦絶《かんぜつ》の曹操・義絶《ぎぜつ》の関羽《かんう》・智絶の諸葛亮の三人を主役とする〕の諸葛亮の「智」を象徴する場面の一つとして、京劇《きようげき》でも好んで演じられる。

「草船借箭」のもととなった話は、『三国志』呉主伝〔孫権《そんけん》の列伝《れつでん》。『三国志』は皇帝に即位している孫権や劉備を臣下の伝記である列伝に記して、曹魏だけが正統な国家であることを表現する〕の注に引かれた『魏略』に記されている。

孫権が大きな船に乗って軍状偵察に来ると、曹公は、弓と弩《ど》をめったやたらに射かけさせた。矢が船に突き刺さり、船は片方だけが重くなって、ひっくり返りそうになった。孫権はそこで、船を巡《めぐ》らせ、もう片方の面にも矢を受けた。刺さった矢が平均して船が安定すると、自軍へ引き上げた（『三国志』巻四十七 呉主伝注引『魏略』）。

『三国志演義』の諸葛亮が、曹操の矢に対して、反対側を向けて、さらに矢を受けるのは、この記述を踏まえているためである。しかし、この孫権の逸話《いつわ》だけでは、「草船借箭」の話を創作することはできない。これに、加えられているものが、『新唐書』張巡伝である。

城中の矢が尽きたので、張巡は藁を縛って人形を千あまりつくり、黒い服を着せ、夜になると城の下に吊《つ》り下げた。（相手の）令狐潮《れいこちょう》の兵は争ってこれを射た。しばらくして、藁のかかしをもどして、箭《や》数十万を得た。そののち、また夜に人（今度は本物の人）を吊り下げた。賊は（また藁だと思い）笑って備えを設けなかった。そこで死士五百人（を吊り下げること）により、潮の陣営を攻撃した。軍は大いに乱れ、土塁の陣幕を焚《や》き、追撃すること十里あまりであった（『新唐書』巻一百九十二　張巡伝）。

この話では、藁に矢が刺さっている。『三国志演義』の諸葛亮が、船に藁人形を搭載する理由である。孫権の話だけでは、敵軍の矢は船に食い込んでしまい、再利用することはできない。このように『三国志演義』は、『三国志』呉主伝の注に引く『魏略』と『新唐書』張巡伝を用いて、「草船借箭」を創作しているのである。

『三国志演義』が種本として『三国志』やその注を使用していることは、「三国志」に興味がある人には、気づきやすいことかも知れない。これに対して、『新唐書』に気づくことは、通常困難である。ところが、江戸時代に曲亭馬琴《きょくていばきん》が著した『南総里《なんそうさと》見八犬伝《みはっけんでん》』には、「諸葛亮の『草船借箭』は、陳寿の『三国志』にも、司馬光《しばこう》の『資《し》治通鑑《じつがん》』にも書かれておらず、『新唐書』の張巡の故事を羅貫中が『三国志演義』に採用したことが分かる」と記されている。すでに江戸時代の曲亭馬琴が指摘しているのである。日本の「三国志」受容のレベルの高さを理解できよう。

このように、日本は古来より、「三国志」の物語を自らの古典として受容し、その戦いを楽しんできた。本書は、そうした歴史を踏まえ、『三国志演義』に描かれた戦いの具体像を十二戦選んで採録した。本書が『三国志』に止《とど》まらず、「三国志」を楽しむ一助になってくれれば幸いである。

なお、最後になったが、祥伝社新書編集部の磯本美穂さんは、たいへんな三国志マニアで、その知識を本書作成に存分に生かしてくれた。記して謝する次第である。

二〇一六年一月四日

渡邉義浩《わたなべよしひろ》

三国志　運命の十二大決戦―目　次

扉イラスト　藤原ヨウコウ
図表作成　篠　宏行
本文デザイン　盛川和洋

第一戦

虎《こ》牢《ろう》関《かん》の戦い

（董卓VS反董卓連合　一九一年）

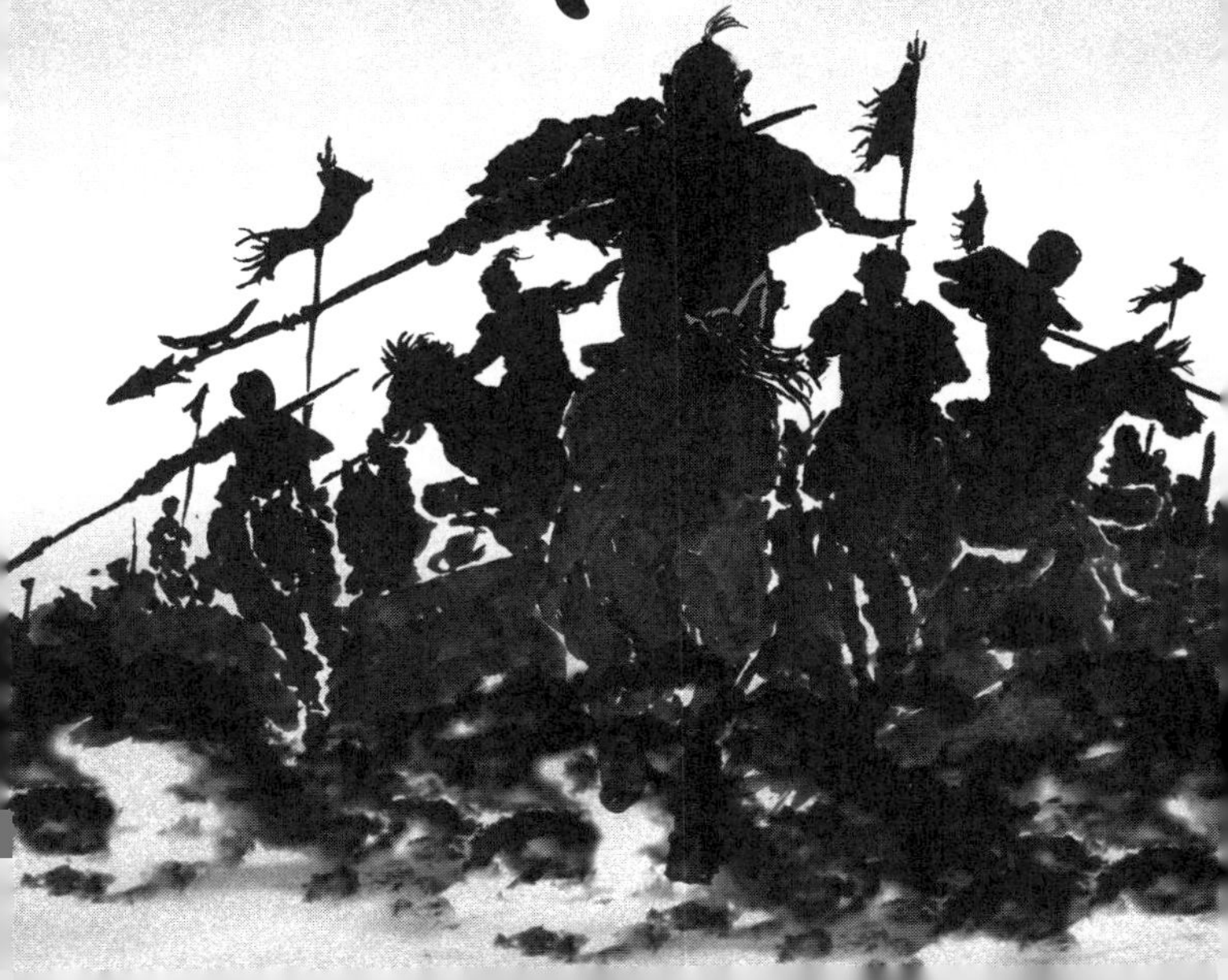

第一戦　虎牢関の戦い

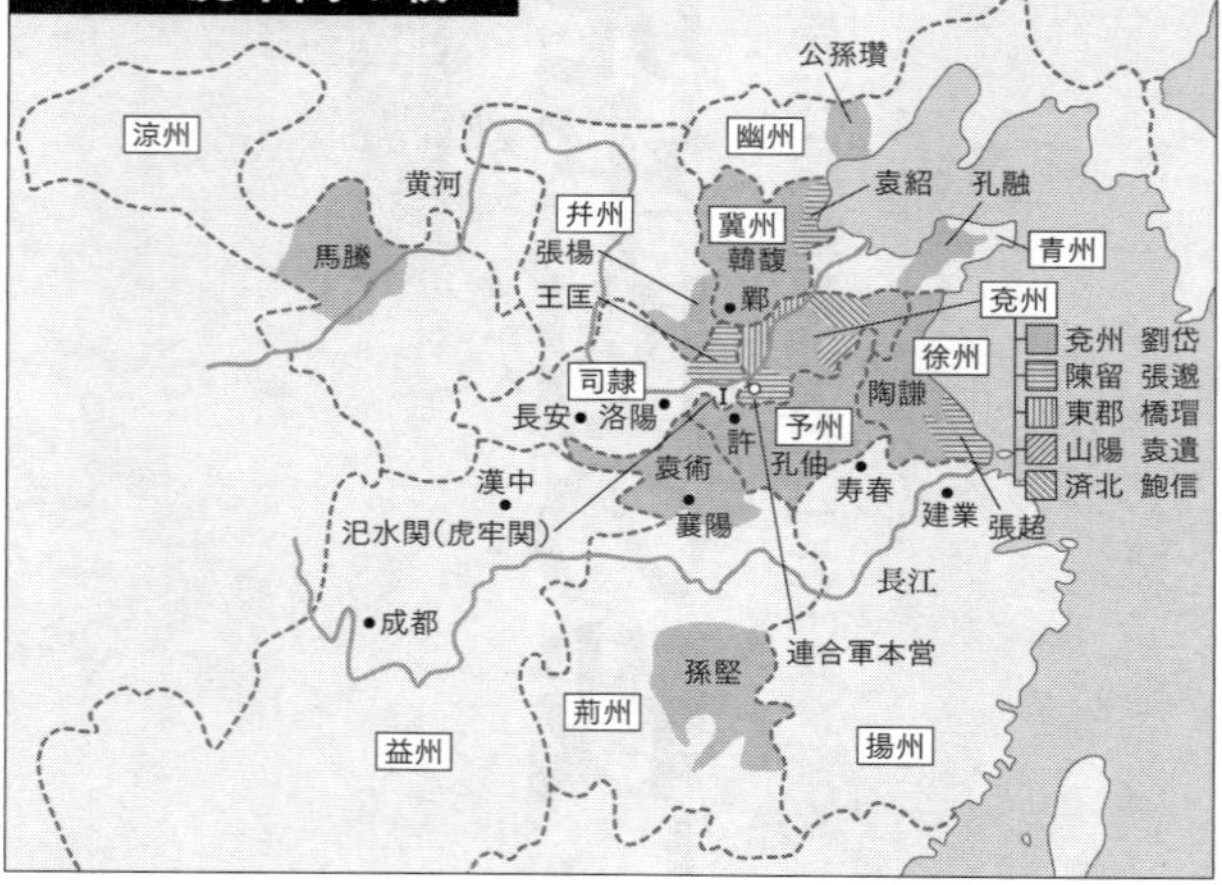

＜概要＞

１８４年から始まった黄巾の乱が平定された後、朝廷では董卓が皇帝を擁立し、権力を掌握した。やがて、董卓に反発した群雄たちは袁紹を盟主として、反董卓連合を結成する。

1　黄巾の乱と董卓の専横

『三国志』は、光和《こうわ》七（一八四）年、黄巾《こうきん》の乱より始まる。黄巾の乱を起こした宗教結社の太平道《たいへいどう》を始めた張角《ちょうかく》は鉅鹿《きょろく》郡の出身で、その教法は治病を中心とした。

張角と弟の張良《ちょうりょう》（※原文ママ）・張宝《ちょうほう》は、みずから大医《たいい》と称して、善道につかえ、病気の者があるたびに跪拝首過《きはいしゅか》させた（『後漢紀《ごかんき》』霊帝紀《れいていき》）。

「跪拝」とは、ひざまずき拝礼すること、「首過」とは、自ら犯した罪を告白することである。キリスト教の「懺悔《ざんげ》」のように、罪の告白による精神療法は、ひろく世に行なわれている。ある程度の治療効果はあったと考えてよい。こうした治病により、教線を拡大した張角は、後漢《ごかん》の混乱と自然災害の頻発《ひんぱつ》を見るにつれ、漢の天下は終わり、自分たちの天下が始まることを説いていく。たまたま光和七（一八四）年が、「甲子《こうし》」にあたることもあり、「蒼天已死、黄天当立。歳在甲子、天下大吉（蒼《そう》天《てん》已《すで》に死す、黄天《こうてん》当《まさ》に立つべし。歳は甲子に在り、天下 大吉なり）」という十六文字のスローガンを掲《かか》げ、新しい世界の樹立を目指して蜂起《ほうき》したのである。
蒼天は儒教《じゅきょう》の天、すなわちそれは後漢「儒教国家」の天でもある昊天上帝《こうてんじょうてい》を指す。「蒼天 已に死す、黄天 当に立つべし」とは、「儒教国家」の天である昊天上帝はすでに死んでおり、太平道の天である中黄太乙《ちゅうこうたいいつ》が代わって立つことを宣言したものである。甲子は、十干十二支《じっかんじゅうにし》で表現されるすべての年の始まりであり、革命が起こるとされていた。甲子の年にあたる光和七（一八四）年三月甲子（十七日）、張角は、「渠帥《きょすい》」という指導者が支配する三十六の「方《ほう》」に組織していた信者とともに、黄色の頭巾《ずきん》を着けて、一斉に蜂起したのである。

これに対して、後漢の霊帝《れいてい》は、北中郎将《ほくちゅうろうしょう》の盧植《ろしょく》、左中郎将《さちゅうろうしょう》の皇甫嵩《こうほすう》、右中郎将《ゆうちゅうろうしょう》の朱儁《しゅしゅん》に黄巾の平定を命じた。最も活躍した皇甫嵩は、広宗《こうそう》の戦いで張角の弟張梁を討つと、すでに病死していた張角の棺《かん》を壊し、その首を首都洛陽《らくよう》に送り届ける。さらに、曲陽《きょくよう》で張角の弟張宝を討ち、黄巾の討伐に成功したのである。

しかし、黄巾の乱を平定しても、後漢は建て直らなかった。宦官《かんがん》「宮中に仕《つか》える去勢した男子」と外戚《がいせき》「皇帝の母方の一族」との対立が続いていたからである。外戚の何《か》進《しん》は、宦官の全滅を謀《はか》り、その後ろ楯《だて》として強力な軍隊を洛陽に呼びよせようとする。先手を打った宦官は、何進を宮中で殺害した。何進とともに計画を練っていた袁《えん》紹《しょう》は、軍を率いて宦官を皆殺しにするが、少帝《しょうてい》は宦官に連れ出され、都の外をさまよった。そこに、何進に呼ばれていた董卓《とうたく》が、涼州《りょうしゅう》より到着し、皇帝を擁立《ようりつ》して権力を掌握する。

毛宗崗本『三国志演義』〔以下、『演義』と略称〕は、董卓を「三国志」随一の暴君に描く。董卓にそうした側面が多かったことは事実である。しかし、時代の変革期に現われる破壊者は、その時代の価値観を粉々に打ち砕くとともに、新たなる価値観を見出していく。董卓は、三国時代の知識人である「名士《めいし》」〔名声を存立基盤とする知識人、西晉《せいしん》期に貴族に変貌する〕を抜擢《ばってき》し、その中の一人である蔡邕《さいよう》を厚く信任した。有《ゆう》職故実《そくこじつ》に精通する蔡邕は、儒将《じゅしょう》として黄巾平定の策を立てた盧植・すべての儒教経典を体系化した鄭玄《じょうげん》と並称される、後漢末の三大知識人であった。鄭玄を軍師に招いた袁紹と同じように、董卓は名士を抜擢して、乱世の建て直しを図るという創造的な側面も持っていたのである。

皇帝の廃立により独裁権を握ろうとした董卓に対して、同じく洛陽に呼び出されていた荊州刺史《けいしゅうしし》の丁原《ていげん》は、堂々と反対する。三国一の武勇を誇る呂布《りょふ》を養子にしていたためである。『演義』によれば、董卓は怒り丁原と戦うが、呂布の圧倒的な活躍により丁原が董卓を破った。驚いた董卓は、名馬「赤兎馬《せきとば》」と莫大《ばくだい》な金銀宝玉を呂布に贈る。利に釣《つ》られた呂布は、丁原を殺し、その首を手土産《てみやげ》に董卓の養子となった。

武勇では向かうところ敵なしの呂布を手に入れた董卓は、ふたたび皇帝の廃立を唱《とな》える。ところが、今度は、袁紹が反対する。宦官を皆殺しにした袁紹は、「四世三公《しせいさんこう》［四世代にわたって、三公〈太尉《たいい》・司徒《しと》・司空という宰相職〉を輩出した］家柄で、大きな影響力を持っていた。袁紹と董卓は、互いに刀を抜いてにらみ合ったが、やがて袁紹は、刀をさげたまま退出すると、冀州《きしゅう》へと立ち去る。

こうして反対勢力をすべて排除した董卓は、少帝を廃して弘農王《こうのうおう》とし、九歳の陳《ちん》留王《りゅうおう》（献帝《けんてい》）を立てた。後に弘農王を殺し、相国《しょうこく》［三公より上位の上公《じょうこう》、独裁を防ぐため廃止されていた］に就くと、宮女を姦淫《かんいん》して天子の寝台で休み、村祭りを襲撃して賊を滅ぼしたと宣伝するなど、悪逆非道《あくぎゃくひどう》の限りを尽くしていく。

2　人中に呂布あり

三国時代で一番強かったのは誰か。それは、個人的な武力なのか、軍隊を指揮する能力なのかによって、答えが異《こと》なる。後者は、『孫子《そんし》』に注をつけた三国一の兵法家である曹操であるが、個人としては、『演義』の設定でも、そして史実においても、呂布である。『演義』において、呂布の強さの設定を窺《うかが》い知ることのできる戦いが、張飛《ちょうひ》・関羽《かんう》・劉備《りゅうび》の三人を敵に回して戦う虎牢関《ころうかん》の戦いである。これは、3で見ていくことにして、ここでは史実から掲げていこう。

『三国志』呂布伝では、次のように呂布の強さを表現している。

呂布は騎射《きしゃ》を得意とし、（弓を引くための）膂力《りょりょく》［背筋と胸筋の力］が抜群であった。（人々は）号して「飛将《ひしょう》」と言った（『三国志』巻七 呂布伝）。

「飛将」とは、北方の遊牧騎馬民族匈奴《きょうど》と戦った前漢《ぜんかん》の名将李広《りこう》のことである。名将として知られる李広は、清廉《せいれん》な人物であり、泉を発見すれば部下を先に飲ませ、食事も下士官とともにして、全員が食事を始めるまで自分の食事に手をつけなかった。『史記《しき》』の中で司馬遷《しばせん》は、その人柄に触れ、「桃李《とうり》 言はざれども、下 自づから蹊《みち》を成す（桃や李の木は何も言わないが、その下には自然と道ができる）」と評した（『史記』巻一百九 李将軍列伝）。成蹊《せいけい》大学の語源である。また伝説的ではあるが、「李広は、虎に母を食べられ、虎に似た石を射たところ、その矢は羽の部分まで石を射通した。後に石と分かってからは矢の立つことはなく、のちに石虎将軍と言われた。そして、これについて揚雄《ようゆう》が、「至誠なれば、則《すなわ》ち金石すら為に開く（誠心誠意で物事を行なえば、金石をも貫くことができる）」と言った」という（『西京雑記《せいけいざつき》』巻五）。神がかり的な李広の武勇がよく表現されている。

ちなみに、匈奴と激戦の後に捕虜となり、その勇戦と無実を訴えた司馬遷が武帝《ぶてい》より宮刑《きゅうけい》［生殖器を除去する刑罰］に処される原因をつくった李陵《りりょう》は、李広の孫にあたる。呂布の出身地である并州《へいしゅう》では、并州・涼州を荒らした匈奴と戦った漢の名将李広の活躍が、伝承されていたのであろう。「飛将」は、呂布にとって、誇らしい称号であった。

また、『三国志』呂布伝の注に引かれる『曹瞞伝《そうまんでん》』には、愛馬の赤兎馬とともに、その武力を称《たた》える言葉が残っている。

当時の人々は（軍中《ぐんちゅう》）語《ご》をつくり、「人中《じんちゅう》に呂布あり、馬中《ばちゅう》に赤兎あり」と称した（『三国志』巻七　呂布伝注引『曹瞞伝』）。

軍中語とは、軍隊の中で行なわれた人物評価である。この言葉は、呂布が袁紹を助けて、黒山《こくざん》の張燕《ちょうえん》と対戦したときの勇姿を描いたものである。

呂布が仕《つか》えた董卓は短気で、些細《ささい》なことをきっかけに戟《げき》で呂布に打ちかかったことがある。呂布は身をかわし、董卓も謝ったので、その場は収《おさ》まったが、恨《うら》みは残る。また、呂布は董卓の侍女と密通しており、事が露見《ろけん》することを恐れていた。この侍女との密通が、『演義』にまとめられる貂蟬《ちょうせん》の「美女連環《れんかん》の計」の元話である。

司徒の王允《おういん》は、呂布と同郷のため付き合いがあり、この間の事情を観察したうえで董卓暗殺を持ちかける。初平《しょへい》三（一九二）年、呂布が董卓を殺害すると、王允は呂布を奮武将軍《ふんぶしょうぐん》・温侯《おんこう》とし、共に朝政を行なった。しかし、それは二カ月と続かなかった。王允は、董卓が率いていた涼州兵を許さなかったため、李傕《りかく》と郭汜《かくし》が糾合《きゅうごう》した涼州兵に、長安《ちょうあん》を陥落《かんらく》させられた。王允は自ら命を絶《た》つ。

一方、長安を追われた呂布は、袁術《えんじゅつ》を頼った。董卓が袁隗《えんかい》をはじめとする袁氏一族を殺害したため、呂布は仇討《あだう》ちをしたことになる。しかし、袁術は呂布の無節操を憎み、これを拒《こば》んだ。そこで呂布は、北方の袁紹を頼り、黒山の張燕を破ったが、その傲慢《ごうまん》さを嫌われて、張邈《ちょうばく》のもとに逃れる。たまたま曹操の徐州《じょしゅう》大虐殺を機《き》に、陳《ちん》宮《きゅう》が挙兵すると、兗州牧《えんしゅうぼく》に迎えられ、濮陽《ぼくよう》で曹操と戦った。しかし、曹操に敗れた呂布は、徐州牧の劉備を頼り、その隙をみて張飛を破って下邳城《かひじょう》を奪い、劉備の妻子を捕虜《ほりょ》とする。劉備は、呂布と和解して小沛《しょうはい》に駐屯し、捲土重来《けんどちょうらい》を期《き》した。

建安三（一九八）年、呂布は袁術と結んで曹操に反旗《はんき》を翻《ひるがえ》し、劉備を破って曹操のもとへと追いやる。曹操は、呂布の征討に赴《おもむ》き、沂水《きすい》と泗水《しすい》の流れを決壊させて、下邳を水攻めにした。水攻めは、城市《じょうし》の周囲に長大な堤防を築き、近くの河川から水を引いて水没させる戦法である。大規模な土木工事を必要とし、費用も日数も掛かる攻め方であるが、火薬のなかった三国時代には、城攻めの重要な手段の一つであった。

困窮《こんきゅう》した呂布は、袁術に救援を求めるが、袁術は現われない。水攻めによって次第に兵糧《ひょうろう》が不足し、内部分裂した呂布の集団は崩壊、呂布も曹操に降服した。降服した呂布は曹操に、「あなたが歩兵を率い、わたしが騎兵を率いれば、天下は簡単に平定できよう」と提案する。才能を重んじる曹操が、話に乗り掛かると、劉備が進み出て、「よもや丁原・董卓が裏切られて殺されたことをお忘れか」と問い糺《ただ》す。曹操はうなずき、呂布は処刑された。呂布は劉備を指さして、「こいつこそ信用できない食わせ者だ」と罵《ののし》ったが、首を締められて殺された。以上が史実の呂布である。

陳寿は、強大な武力を持ったところで、反覆常無く、利のみで動くものは、族滅されれる、と厳しく呂布を批判している。

3　汜水関・虎牢関の戦い

呂布が赤兎馬にまたがり、劉備三兄弟と対峙《たいじ》する虎牢関の戦いは、演義の虚構であるが、豪勇の関羽・張飛、そして劉備の三人をあしらうこの場面にこそ、呂布の強さは集約される。『演義』は、虎牢関の戦いの前に、関羽が董卓の武将である華雄《かゆう》を斬る汜水関《しすいかん》の戦いという虚構を置く。史実では、華雄を斬った者は、孫堅《そんけん》である。

そもそも、汜水関と虎牢関は、同じ場所である。史実において、曹操が董卓の中郎将である徐栄《じょえい》に敗れた滎陽《けいよう》県の中に汜水鎮があり、その中に虎牢関村はある。すなわち、史実の滎陽の戦い、『演義』の汜水関の戦い・虎牢関の戦いは、ほぼ同じ場所で行なわれているのである。『演義』の作者たちが、こうした地名を理解できなかったことは、『演義』の原型の一つである『三国志平話《さんごくしへいわ》』〔元代に「三国志」の講談の台本をまとめたと言われる「三国志」物語。日本だけに伝存する〕が成立した元代に、北方遊牧民族の支配下に置かれていたためと考えることもできる。ただし、そもそも軍事拠点の地理的情報は、戦いの具体像と同じように軍事機密であった。地図などを入手することは困難であったと考えてよい。

『演義』では、汜水関・虎牢関の戦いを次のように描いている〔引用は概略〕。

曹操が偽りの詔《みことのり》を各地に送ると、董卓を打倒するため、各地で諸将が一斉に蜂起した。曹操は軍議を開き、袁紹を盟主とし、孫堅が先鋒を志願して洛陽の東、汜水関に攻めかかった。董卓側の武将は華雄。袁術が兵糧を送らず混乱していた孫堅軍を一蹴《いっしゅう》して、袁紹の本陣に迫って何人もの武将を討ちとる。色を失った袁紹の幕中で「華雄の首を献じましょう」と豪語した者が関羽である。曹操は熱い酒を注がせ、一杯あおって馬に乗るよう勧める。関羽は、「とりあえず置いておいて下さい。すぐに戻りますから」と言うや、馬にまたがり出陣した。関《とき》の声があがり、天がくだけ地がやぶれんばかりの物音が轟《とどろ》くと、しばらくして鈴の音が響くと、馬が本陣へと駆けこみ、関羽が華雄の首を地面に放り投げた。そのとき、酒はまだ冷めていなかった、という（『三国志演義』第五回）。

中国近代文学の祖である魯迅《ろじん》が高く評価するように、『演義』は汜水関の戦いを音だけで表現している。関羽が出陣したのち、「関の声」があがり、「天がくだけ地がやぶれんばかりの物音」が轟き、「鈴の音」が響いて、関羽が華雄の首を放り投げる。

このときも、「どさっ」と音がしたのであろう。

たしかに、読者の想像力を掻《か》き立てる見事な表現であるが、ここからは、戦いの具体像は何一つ分からない。華雄がどのような陣形を布《し》き、関羽がどのような軍隊を率いて、どこから攻めて、どのように華雄を討ち取ったのかは、いっさい不明なのである。戦いの具体像を掴《つか》めない中、戦いを印象的に描こうとする『演義』の著者たちの努力を窺《うかが》うことができよう。『演義』の戦いは、虎牢関へと進んでいく。

華雄を討ちとられた董卓軍からは、ついに呂布が姿を現わす。真っ赤な錦《にしき》のひたたれを着け、手には方天画戟《ほうてんがげき》を持ち、董卓から贈られた赤兎馬にまたがった呂布は、無人の野を行くように、兵をなぎ倒す。まさに、「人中《じんちゆう》に呂布あり、馬《ば》中《ちゆう》に赤兎あり」である。

呂布をくい止めた者は、丈八の蛇矛《だぼう》を手にした張飛であった。張飛は呂布と五十回以上も打ち合ったが、勝負がつかない。これを見た関羽は、八十二斤《きん》の青《せい》龍偃月刀《りゆうえんげつとう》を舞わせて、呂布を挟《はさ》み討ちにした。三頭の馬が丁字形になって攻め合い、三十回も打ち合ったが、呂布を打ち負かせない。劉備は二本の剣を抜くと、黄色いたてがみの馬を走らせ、斜めから切り込んで加勢した。三人は呂布を囲み、回り灯籠《とうろう》のように力を合わせて戦った。形勢不利とみた呂布は、劉備に脅しの一撃を加え、劉備がかわすところを馬を飛ばして退却し、虎牢関へ逃げ込んでいった（『三国志演義』第五回）。

戦いそのものは、呂布が撤退しているので、劉備・関羽・張飛の勝利なのであるが、三人を同時に相手とした呂布の圧倒的武力を理解できよう。『演義』にお

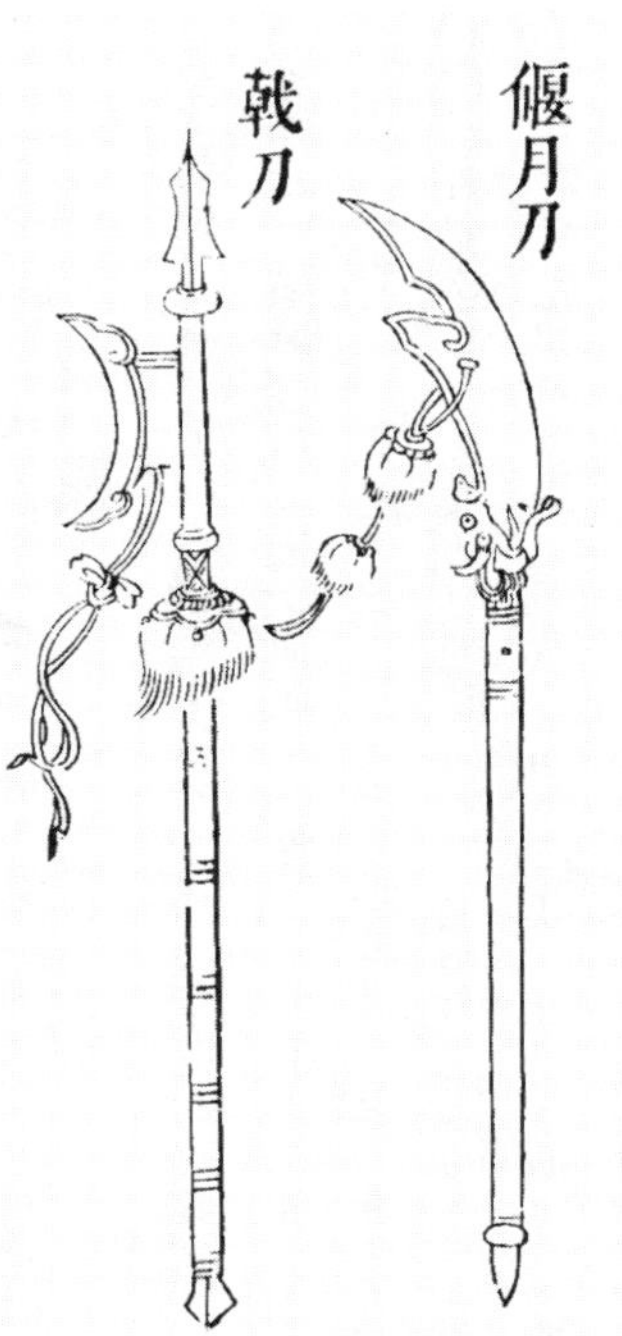

戟刀と偃月刀

いて、そして、史実においても三国時代で個人として最も強い者は、呂布なのである。

また、『演義』は、著名な英雄には、その人物を象徴する武器を持たせることで、武力を際立《きわだ》たせる。呂布が手にする武器は、方天画戟である。三日月形の鋭い刃の部分で薙《な》ぐことも、先端の矛先により突くこともできる方天画戟は、戈《か》の進化型である。戈は、春秋・戦国時代から発達し、後漢・三国時代には主力の武器の一つであった。董卓からもらった赤兎馬にまたがり、馬上で戦う呂布には、群がる歩兵を薙ぎ、騎兵と矛で戦うためには理想の武器であったと言えよう。もちろん『三国志』には、呂布の使用した武器に関する記録はないが、明《みん》代の百科辞典である『三才図会《さんさいずえ》』には「戟刀」として図が載せられている。

張飛が愛用した蛇矛は、刃の部分が蛇行した槍で、蛇行は突き刺した傷口が大きく広がる効果を持つ。名を「点鋼矛」という。その長さは一丈八尺〔明の度量衡でいうと約六m、以下、明尺〕に及び、常人には使えるはずはない。関羽の武器は、薙刀の一種である青龍偃月刀《せいりゅうえんげつとう》で、柄の先端が龍首に作られているので青龍といい、刃部が三日月に似た形であるから偃月刀と呼ぶ。関羽は、これを「冷豔鋸《れいえんきょ》（冷たく美しいのこぎり）」と名付けた、という。冷豔鋸は、たいへん重く八十二斤［約五〇kg］あるとされる。

4　一騎討ちと騎兵

『演義』では、物語の主役は、勇将・猛将である。関羽や張飛が先陣をきり、敵将を討ち取ると、雑兵たちはクモの子を散らすように敗走する。しかし、数千から数万もの軍隊同士の激突が、それほど単純に決着するはずはない。戦国時代（前四〇三～前二二一年）以降、中国の戦いは集団戦に移行していた。それでも、『演義』は、諸葛亮と司馬懿《しばい》の対決の際に、諸葛亮に「大将を戦わせるのか、兵を戦わせるのか、それとも陣法を戦わせるのか」と言わせており、大将の一騎討ちにより両軍の勝敗を定める、という戦いの思想を持っている。

それは、騎兵という兵種だけは、集団戦に移行したのちにも、集団を率いる将軍の個人的武勇が大きな役割を果たすことによろう。騎兵は、高速で移動するその性質から、将軍が先頭に立って戦うことで、士気が上がることも多い。呂布や趙雲《ちょううん》など、騎兵を率いる将軍の個人的武勇が、ことさらに『演義』で強調されることは、故無きことではないのである。

しかも、騎兵の威力は大きかった。袁紹と河北を争った公孫瓚《こうそんさん》は、現在の北京《ペキン》を中心とする幽州《ゆうしゅう》の出身である。幽州は、西方の涼州と並んで、北方騎馬民族との関わりを強く持つ地域であった。幽州の北方を拠点とする烏桓《うがん》という騎馬民族は、モンゴル高原の覇者《はしゃ》であった匈奴に対抗するために、漢との協力関係を維持していた。漢より物資を受ける代わりに武力を提供したのである。後漢を建国した光武帝《こうぶてい》劉秀《りゅうしゅう》のもと、最も強力な軍隊を率いていた呉漢《ごかん》は、かれら烏桓族を中核とする「幽州突騎《ゆうしゅうとっき》」と呼ばれた騎兵部隊を率いることにより、向かうところ敵無しの強さを誇った。

この「幽州突騎」の伝統を受け継ぐ公孫瓚軍の編成は、袁紹と激突した界橋《かいきょう》の戦いにおいて、歩兵三万・騎兵一万であったと記録される。歩兵と騎兵の比率は三対一、騎兵の比率が異常に高い。同じく河北を支配した袁紹が、官渡の戦いに動員した兵力は、歩兵十万・騎兵一万、両者の比率は十対一である。これが華北の標準的な軍隊編制であったと考えられる。これに対して、呉郡《ごぐん》を制圧した際、孫策《そんさく》は、周瑜《しゅうゆ》・程普《ていふ》・呂範《りょはん》にそれぞれ歩兵二千・騎兵五十を授けている。歩兵と騎兵の比率は四十対一、長江流域において騎兵を集めることが、いかに困難であったか理解できよう。

公孫瓚が青州《せいしゅう》の黄巾を討ち、かえす刀で袁紹の本拠地に侵入すると、袁紹は出陣して界橋で相まみえた。袁紹は、「白馬義従」におとりの部隊を挑ませる。これを侮《あなど》った公孫瓚は、「白馬義従」に突撃を命じた。あと数十歩に迫った時、それまで楯《たて》に隠れていた歩兵が、とつぜん喚声《かんせい》を上げながら突進し、強弩《きょうど》が一斉に放たれた。「白馬義従」は大損害

射程距離の長い強弩

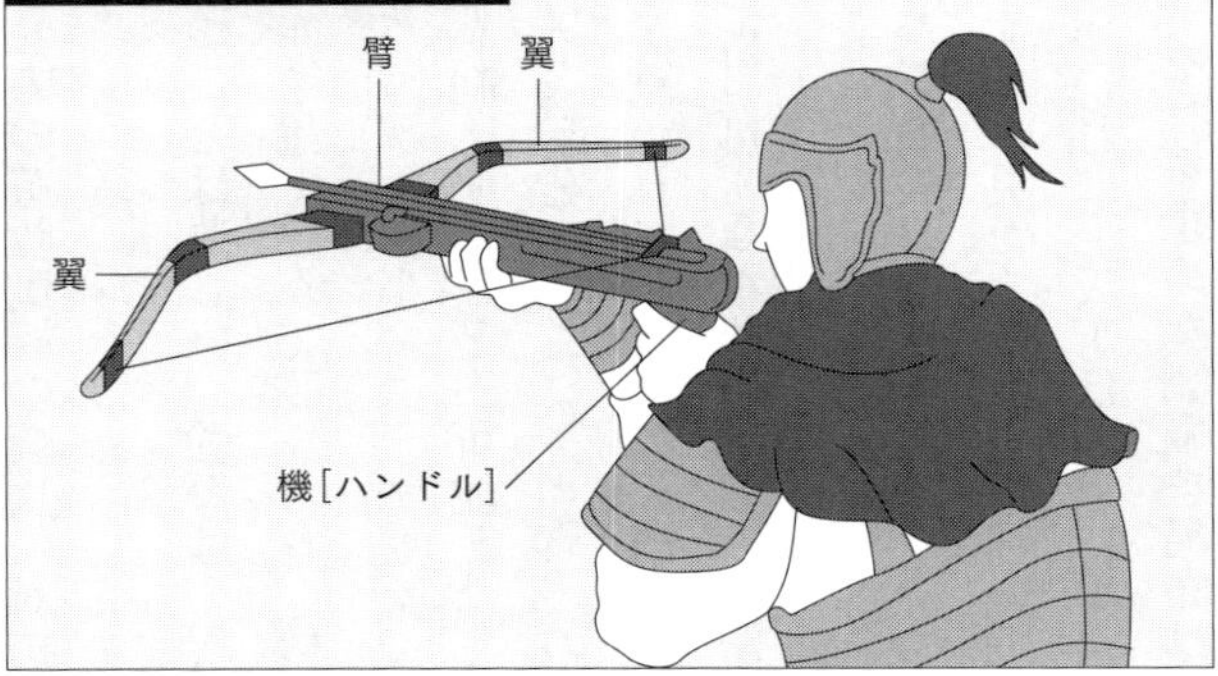

機…矢を発射する装置。青銅でつくられた機は今日まで残り、発掘されている。

を被り、将軍の厳綱《げんこう》以下、千人あまりが討たれた。北方の遊牧民族の騎兵に対抗するために、漢が編み出した兵器、それが強弩であった。

騎兵は、そのスピードのため、通常の弓で迎え撃つことは難しい。強弩は、現在の小銃と弓が合体したような外見をもち、先端のペダルを足で踏んで弦《げん》をはり、機《き》と呼ばれる引き金を使って矢を発射させる弓である。手で引く弓に比べて貫通力があり、射程距離も長いので、敵騎兵の弓の射程外から、敵を制圧することが可能となる。袁紹の本拠地である冀州は、黄河を挟んだ南にある首都洛陽を守るため、「冀州の強弩は天下の精兵」とうたわれた、当時最強の強弩部隊が置かれていた。公孫瓚自慢の騎兵は、「冀州強弩」に敗れたのである。歩兵が騎兵に対抗するための最強の兵器、それが強弩なのであった。

裏を返せば、これほどの武器の発達を招いたものが、騎兵の強さであった。このゆえに、呂布の個人的武勇は、史実でも重視された。すでに見たように、下邳の戦いの後、曹操は「あなたが歩兵を率い、わたしが騎兵を率いれば、天下は簡単に平定できよう」という呂布の提案に気持ちを動かしている。それを止めた劉備を呂布は罵った。

たしかに、劉備も呂布と同じように、傭兵集団として、さまざまな群雄の間を渡り歩いている。集団としての強さも、呂布の方が上である。しかし、腹の中はともかく、劉備の行動には信義があり、諸葛亮を三顧《さんこ》の礼《れい》で迎える度量があった。自分の武力に自信を持ち続けた呂布は、それらを欠いていた。その結果、三国時代最強の武将呂布は、「三国志」に多くの武勇伝を残しながらも、群雄に成長していくことはなかったのである。

第二戦

官《かん》渡《と》の戦い

（袁紹VS曹操　二〇〇年）

＜概要＞

董卓亡き後、「四世三公」の家柄を誇る袁紹と、献帝を擁立した曹操が勢力を二分していた。両軍の戦いは、三国志の時代の流れを決定づける「天下分け目の戦い」である。

1　天下分け目の戦い

日本語で「噂《うわさ》をすれば影」という時に、中国語では「ひそひそ話をしていると、曹《そう》操《そう》がやって来る（説着曹操、曹操就到）」という。『演義』は「滅びの美学」を描いた文学である。漢《かん》の正統を引く劉備《りゅうび》が建国し、神となった関羽《かんう》、庶民に大人気の張飛《ちょうひ》、知識人がその忠義を仰《あお》ぐ諸葛亮《しょかつりょう》が支えた蜀漢《しょくかん》の敗北を描く物語なのである。正義の陣営がこれだけ整うと、敵役《かたきやく》に重みがなければ締《し》まりがなくなる。敵役として存分の悪知恵を働かせ、かつ人間としての魅力を溢《あふ》れさせる稀代《きだい》の悪役、それが曹操である。

曹操は、宦官《かんがん》の養子の子である。ただし、『演義』が強調するほど卑《いや》しい出自《しゅつじ》ではない。「四世三公」の袁紹《えんしょう》には見劣りするが、父の曹嵩《そうすう》は、三公の筆頭である太尉《たいい》に至った。祖父にあたる宦官の曹騰《そうとう》も、桓帝《かんてい》擁立に功績があり、天下の賢人を皇帝に推挙し、広く交わりを結んだ。曹操の恩人となる橋玄《きょうげん》を見出した种暠《ちゅうこう》は、その一人である。

はじめ种暠は、曹騰に対する蜀郡太守《しょくぐんたいしゅ》の贈賄《ぞうわい》を摘発しており、曹騰の敵対者であった。曹騰に擁立された桓帝は、「曹騰はまだ賄賂《わいろ》を受け取っていない」として、种暠の弾劾《だんがい》を無効とした。种暠は、曹騰の報復を恐れたであろう。ところが曹騰は、これを意に介さず、种暠が能吏《のうり》であることを称え続けた。种暠はのち司徒《しと》になると、「自分が三公になれたのは、曹常侍《そうじようじ》［曹騰］のおかげである」と曹騰の恩を公言した。种暠に抜擢された橋玄は、二十歳前の曹操の出世を積極的に支援して、師の恩を曹操に返す。

橋玄は、曹操を「今、天下は乱れようとしている。民を安泰に導くものは、君であろう」と評価した。そして、「君にはまだ名声がない。許劭《きよしよう》と付き合うと良いであろう」と言って、許劭を訪ねさせた。許劭は、宦官の孫である曹操に好意的であったわけではない。しかし、三公を歴任していた橋玄の紹介を無視できなかったのであろう。曹操を「治世の能臣、乱世の奸雄《かんゆう》」と評価する。これを聞いた曹操は大いに笑ったという（『三国志』武帝紀注引孫盛《そんせい》『異同雑語《いどうざつご》』）。

『演義』は、これをそのまま採用し、「奸雄と称されて大いに喜ぶとは、まさしく本当の奸雄である」と評をつけ、曹操が自らも奸雄と認めていたことを強調する。史実としては、許劭の人物評価により、宦官の孫でありながら名士の仲間入りを承認されたことを喜んだ、と解釈することが正しい。さらに、許劭の鑑識眼の鋭さと表現の美しさに着目すると、史書の記述をより深く理解できる。

許劭は、曹操を治世と乱世で評価が変わるべき人物と考え、「乱世の奸雄」と評した。『後漢書』許劭伝は「乱世の英雄」と伝えるが、能臣と英雄が共にプラスの価値となり、対句が破綻《はたん》するため表現として稚拙《ちせつ》であるし、英雄という評語では曹操の異才を表現しきれない。時代を切り開く新しい価値観は、すべての人々に歓迎されるわけではない。むしろ、先進的な価値を理解できる者は、ごくわずかである。官渡の戦いの際ですら、曹操陣営には自軍の勝利を信じない者がいた。大多数の一般人からは、曹操は「奸」であるが「雄」、すなわち、やり方は間違っているのに、その勢力は無視できない、と見られることになる。「奸雄」という言葉は、そうした曹操の手段と結果の矛盾を見事に表現していると言えよう。

曹操は、橋玄を自分の理想とした。橋玄は、官僚として豪族の不法を許さず、外戚・宦官と関わりを持つ者であっても、その不法行為は必ず弾劾した。また、末っ子を人質に立て籠《こ》もられた際には、躊躇《ちゅうちょ》する司隷校尉《しれいこうい》［首都圏長官］や洛陽令《らくようれい》［首都洛陽の県令］を叱咤《しった》して誘拐犯を攻撃、犯人もろとも末っ子を落命させている。橋玄はその足で宮中に赴くと、「人質事件があった際には、人質を解放するために財貨を用いて悪事を拡大させないようにいたしましょう」と上奏《じょうそう》する。当時、洛陽では人質事件が頻発していた。橋玄の断固たるこの処置により、人質事件は途絶えたという。曹操が採用した法に基づく厳格な猛政、これは橋玄から受け継いだものである。

こうした厳しい法の運用を行なう橋玄は、代々伝わる儒教の継承者でもあった。その学問は「橋君学《きょうくんがく》」と呼ばれ、橋氏の「家学《かがく》」として継承されていた。その一方で、橋玄は、桓帝の末、鮮卑《せんぴ》・南匈奴《みなみきょうど》・高句麗《こうくり》が中国に侵入すると、西北方面の異民族対策の総司令官である度遼将軍《どりょうしょうぐん》に抜擢され、三年の間、職務に励み辺境に安定を取り戻した。代々の家学として儒教を伝え、門人に教授するほどの学識を持ちながら、戦場に出れば、鮮やかな采配《さいはい》を振るって敵を粉砕する。さらに、内政にも通暁《つうぎょう》して三公を歴任した橋玄は、まさに「入りては相、出でては将」と言われる理想的な「儒将《じゅしょう》」である。

「矛を横たえて詩を賦《ふ》した」とされる曹操は、突如現われた異端児ではない。自らを引き立ててくれた橋玄を理想とし、それに追いつき追い越そうと努力を重ねて、自らの姿を作り上げた英雄なのである。

橋玄の紹介を受け、許劭より「乱世の奸雄《かんゆう》」という人物評価を得た曹操は、その名声に基づき名士社会に参入した。何顒《ぎよう》を中心とする名士集団である。何顒もまた異才の人であった。そのグループ内に、袁紹・荀彧《じゆんいく》・許攸《きよゆう》・曹操という、官渡の戦いを決する人々すべてを抱え、曹操を「天下を安んずる者」、宦官の一族との婚姻により評判を落としていた荀彧を「王佐の才」と高く評価した。その際、袁紹は、年長の何顒から「奔走の友」と同格に評されており、二人とは扱いが異なる。袁紹の名声の高さを理解できよう。

反董卓《とうたく》連合が形成されると、曹操は袁紹から行奮武将軍《こうふんぶしようぐん》［「行」は代行の意］に任命される。荀彧も許攸も袁紹の配下となったように、誰もが袁紹を仰ぎ見る中で、鮑《ほう》信《しん》と弟の鮑韜《ほうとう》は曹操の異才に気づき、「戦乱を収める者は君だ」と曹操に接近する。

袁紹が董卓と戦わない中、曹操は洛陽への進撃を唱《とな》え、董卓の中郎将《ちゆうろうしよう》の徐栄《じよえい》と滎《けい》陽《よう》で戦い、鮑韜ほか多数の死者を出して敗退する。しかし、漢の復興のため董卓と戦ったことで、曹操の大義名分は際立《きわだ》った。これがのちに、献帝《けんてい》を擁立する正統性を支えることになり、また漢の護持《ごじ》を志《こころざ》す名士に曹操の存在を知らしめたのである。

河北《かほく》［黄河《こうが》の北］を制圧していく袁紹を見て、鮑信は黄巾《こうきん》の盛んな河南《かなん》に出ることを勧める。袁紹の許可のもと河南に出て、兗州牧《えんしゅうぼく》となった曹操は、青州《せいしゅう》の黄巾と激しく戦い、鮑信を失った。裴注《はいちゅう》には、黄巾から曹操への降服要求書も残されている。ところが、曹操は、青州黄巾を破り、兵三十万・民百万を帰順《きじゅん》させた。

この中から精鋭を集めたものが、曹操の軍事的基盤となった青州兵《せいしゅうへい》である。断片的な史料をつなぎ合わせると、曹操は、青州黄巾に対して、かれらの信仰と集団の維持を容認し、曹操のみに従い、その天下統一に協力させる密約を結んだと考えられる。

こうして曹操は、あえて黄巾の勢力が強い河南に出ることにより、自らの軍事的基盤を確立したのである。青州兵を得たことは、直後に程昱《ていいく》が参入するなど、曹操への期待を高めた。ここに荀彧が加入する。名士本流の荀彧が袁紹を見限って曹操に従ったことは、多くの名士が集団に参加する契機となっていく。

これまで袁紹の勢力の及ばなかった河南の兗州に曹操が進出すると、袁紹と対立していた袁術《えんじゅつ》は、曹操を攻撃する。これを迎え撃った曹操は、匡亭《きょうてい》の戦いで袁術を大破し、九江《きゅうこう》まで追い詰めた。これに対して、徐州牧《じょしゅうぼく》の陶謙《とうけん》が、曹操の父曹嵩を殺して報復する。陶謙は、袁術に味方していたのである。文学者としても名を残す曹操は、感情豊かで、父の死に冷静な判断などできなかった。復讐のために徐州に侵攻し、民をも含めた大虐殺を行なった。これは曹操生涯の汚点となり、また名士の失望を招いた。

焦った曹操はさらに、虐殺を批判した兗州名士の長老辺讓《へんじょう》を殺害する。これを機に、兗州名士の陳宮《ちんきゅう》は、曹操の旧友張邈《ちょうばく》とともに、呂布《りょふ》を引き入れ兗州で反乱を起こした。この曹操最大の危機に、拠点を死守した者が、荀彧・程昱と夏侯惇《かこうとん》であった。一年余りをかけて兗州を回復した曹操に、荀彧が正統性の回復の切り札として提案したこと、それが献帝の擁立であった。

拠点を豫州《よしゅう》に遷《うつ》した曹操は、権力の基盤である農民支配を確立するため、許《きょ》の周辺で屯田制《とんでんせい》を開始する。曹操までの屯田制は、兵糧を確保するため、駐屯地で軍隊が戦闘時以外に耕作を行なう軍屯《ぐんとん》であった。軍屯は、中国の各時代のみならず世界各地で行なわれている。これに対して、曹操は、軍屯だけではなく、一般の農民に土地を与える民屯《みんとん》を行なった。これが、隋唐《ずいとう》の均田制《きんでんせい》の直接的な源流となる新しい制度であり、曹操の死後も財政を支え続ける。

これまでも、豪族の大土地所有により土地を失った農民が流民化し、社会が不安定になったため、土地の所有を等しくしようとする政策は、何回か試みられた。しかし、それらはすべて失敗している。周《しゅう》の井田制《せいでんせい》をモデルとする、前漢の哀帝《あいてい》の限田制、新《しん》の王莽《おうもう》の王田制などがそれである。いずれも豪族の大土地所有を制限し、その土地を貧民に分配しようとするものであった。しかし、支配領域の有力者を殺して財産を分配すれば、統治が流動化する可能性があり、そもそも殺せる保証もない。

そこで曹操は、豪族や名士の持つ大土地には手をつけず、戦乱で荒廃し放棄された土地を整備して流民を呼び寄せ、種籾《たねもみ》を与え、耕牛《こうぎゅう》を貸して、かれら自身に稼《かせ》がせ、その収穫の六割を税として徴収した。社会が不安定である理由は、大土地所有者がいるためではない。流民が生活できないからである。かれらが安定した資産を持てば、共産主義のような平等は必要ない。これが曹操の時代を創造する新しさである。

こうして曹操は、献帝という政治的正統性、青州兵という軍事的基盤、屯田制という経済的基盤を兼ね揃え、天下分け目の官渡の戦いに赴くのである。

2　寛《かん》と猛《もう》

袁紹は、「四世三公」と称えられた後漢屈指《くっし》の名家「汝南《じょなん》の袁氏」の出身である。しかも、嫡子［正妻の子］として生まれた弟の袁術が、家柄を笠《かさ》に着て驕《おご》り高ぶったことに対して、庶出［めかけの子］の袁紹は、よく人に遜《へりくだ》ったので、多くの名士を配下に集めた。戦略にも誤りはなかった。袁紹は、黄河より南にある汝南郡を故郷とするが、あえて河北を拠点とした。これは後漢を建国した光武帝劉秀《こうぶていりゅうしゅう》の戦略の踏襲である。「幽州突騎」と呼ばれる烏桓《うがん》族の騎兵を備える幽州、「冀州強弩」と呼ばれる騎兵に対抗できる弩兵《どへい》を主力とする冀州のほか、幷州《へいしゅう》にも多くの異民族が居住する河北は、強力な兵馬を整えられる軍事拠点であった。

また、黄巾の勢力圏となった青州を除けば、乱の被害も少なく、河北は、十分な兵糧を供給できる経済力を持っていた。最も異民族が多い涼州を背後に持つ軍事拠点の長安《ちょうあん》が、すでに董卓に占領されている以上、冀州を足掛かりに河北を基盤とし、中国を統一するという袁紹の戦略は、最も有利なものであった。ただし、それは、誰もが考えつく策でもあった。

袁紹に仕えながら、その才能に見切りをつけ、曹操に仕え直した荀彧は、天下分け目の官渡の戦いの際に、二人を次のように比較している。「袁紹は鷹揚《おうよう》に構えているものの猜疑《さいぎ》心が強く部下の心を疑うが、曹操は適材適所である〔①度量〕。袁紹は優柔不断で謀略を用いる機会を逃すが、曹操は決断力に富む〔②謀略〕。袁紹は軍令を行き渡らせず兵力を使いこなせないが、曹操は信賞必罰なので兵士が死ぬ気で戦う〔③武略〕。袁紹は名門を鼻にかけ教養をひけらかして評判ばかり気にするが、曹操は質素に振る舞い功績を挙げた者に賞を惜しまない〔④徳行〕。この四点に優る曹操が、天子を奉じて正義の戦いを起こすのであるから、袁紹に負けるはずがない」。食糧不足に苦しみ、官渡からの撤退を考える曹操を、荀彧はこう励ましたという。

歴史は勝者の記録である。したがって、荀彧の分析によれば、袁紹は、①唯才主義の人事を行なわず、②決断力に欠け、③法術主義を採《と》らず、④議論ばかりを好む能無しを集めたことになり、官渡で敗退したことも必然に思える。しかし、敗者の側から歴史を見れば、平時であれば称えられたはずの、袁紹の安定した支配が見えてくる。

袁紹は、①名士の意向を尊重する人事を行ない、②名士の意見を広く聞き、③儒教に従い、④名士の名声を尊重したのである。立派な君主と言えよう。こうした平時に強い政策のため、袁紹は、安定した支配を行なうことができた。したがって、後漢末における袁紹の勢力は圧倒的で、曹操は当初、袁紹の弟分として自己の勢力を拡大してきた。官渡の戦いの後に、曹操の部下からの袁紹への降服文書が多数発見されたように、曹操陣営の中でも、袁紹の勝利を予想する者は少なくなかったのである。

3　白馬・官渡の戦い

初平《しょへい》元（一九〇）年に反董卓を旗印に挙兵して以来約十年、曹操はようやく河南の兗州・豫州を基盤に、献帝を擁立して天下に号令する立場を築き上げた。一方、袁紹もまた、河北の冀州・幽州・幷州・青州を支配し、曹操を上回る勢力範囲を保有していた。しかも、許を拠点に曹操の支配する河南が黄巾の乱の中心地となり、戦乱と飢えで苦しんだことに対して、袁紹の支配する河北はさほど戦火も被《こうむ》らず、その拠点の鄴《ぎょう》がある冀州は、一州だけで「民戸百万家、精兵三十万」を有すると称されていた。

袁紹が本拠の鄴を精兵十数万を率いて出発したという知らせを受けた曹操は、建安《けんあん》四（一九九）年八月、黄河の北の黎陽《れいよう》に軍を進めて先制攻撃をしかけた。また、臧覇《ぞうは》たちを青州に派遣して東方を牽制《けんせい》し、于禁《うきん》を渡河させ黄河を守備させる。さらに、一軍を割いて官渡の守備に当たらせ、袁紹に備えた。十一月、張繡《ちょうしゅう》が降服して後顧《こうこ》の憂《うれ》いが無くなると、十二月、曹操は自ら官渡に軍を進め、決戦に向かう。

建安五（二〇〇）年二月、袁紹の大軍は、ついに進撃を開始する。黎陽に進軍した袁紹は、顔良《がんりょう》に白馬《はくば》を守る曹操側の劉延《りゅうえん》を攻撃することを命じた。四月、白馬が包囲されると、曹操は自ら救援に赴く。荀攸《じゅんゆう》は、ひとまず延津《えんしん》に兵を進め、黄河を渡り敵の背後を衝《つ》くと見せかけ、白馬に軽騎で急行して、油断している顔良を討つことを進言、曹操はこれを採用した。袁紹は果たして軍を二分し、主力を西に向けて曹操軍の渡河に備える。そこを曹操は、一気に白馬に向かい、顔良を関羽と張遼《ちょうりょう》に攻撃させた。関羽は顔良を斬り、こうして白馬の包囲を解いた曹操は、兵を西に返した。

置き去りにされた袁紹の主力は、黄河を渡り延津の南に軍を進め、曹操を追撃する。騎兵が先行して縦に長い追撃態勢である。これを見た曹操は、輜重《しちょう》［軍事物資］をすべて街道に放棄する。敵の騎兵のなかから輜重にたかるものが出始めると、曹操は全軍に攻撃を命じ、六百あまりの騎兵で、顔良と並ぶ袁紹軍の勇将文醜《ぶんしゅう》を討ち取った。あいつぐ部将の戦死に袁紹軍がひるむと、曹操は官渡に帰還する。緒戦《しょせん》は、曹操の大勝利のうちに終わり、こののち官渡における本格的な陣地戦が開始されるのである。

緒戦のつまずきにより、やむなく陽武《ようぶ》に陣取った袁紹は、各陣営を横に連ねて前進し、官渡にせまって決戦をいどむ。曹操は兵力不足のため、陣営深くにひきこもった。そこで袁紹は、高い櫓《やぐら》を組み、土山《どざん》をつくって、その上から矢の雨を降らせた。

曹操軍も陣内に土山を築いて対抗するとともに、「霹靂車《へきれきしゃ》」と恐れられた移動式の投石機により、敵の櫓と土山を狙い撃ちにした。すると袁紹軍は、「地突《ちとつ》」と呼ばれる地下道を敵の陣地の下まで掘り進める作戦を展開する。曹操軍は深い塹壕《ざんごう》をいくえにも掘り、敵の地突を無力化させた。

戦いの長期化により、曹操軍では兵糧輸送が滞《とどこお》り始める。さすがの曹操も弱気になって、留守を預かる荀彧に撤兵すべきか否かを相談した。荀彧は名士間の情報を分析し、勝利を確信していたので、抗戦を続けるよう曹操を励ました。曹操が袁紹の兵糧輸送を襲撃すると、袁紹は烏巣《うそう》に大きな兵糧貯蔵施設をつくり、そこを淳于瓊《じゅんうけい》に守らせた。このとき、袁紹に献策を無視され続けた名士許攸が、曹操に帰《き》順《じゅん》する。

袁紹側は、すでに勝利を確信しており、そののちの勢力争いが始まる中、許攸は収賄を咎《とが》められて失

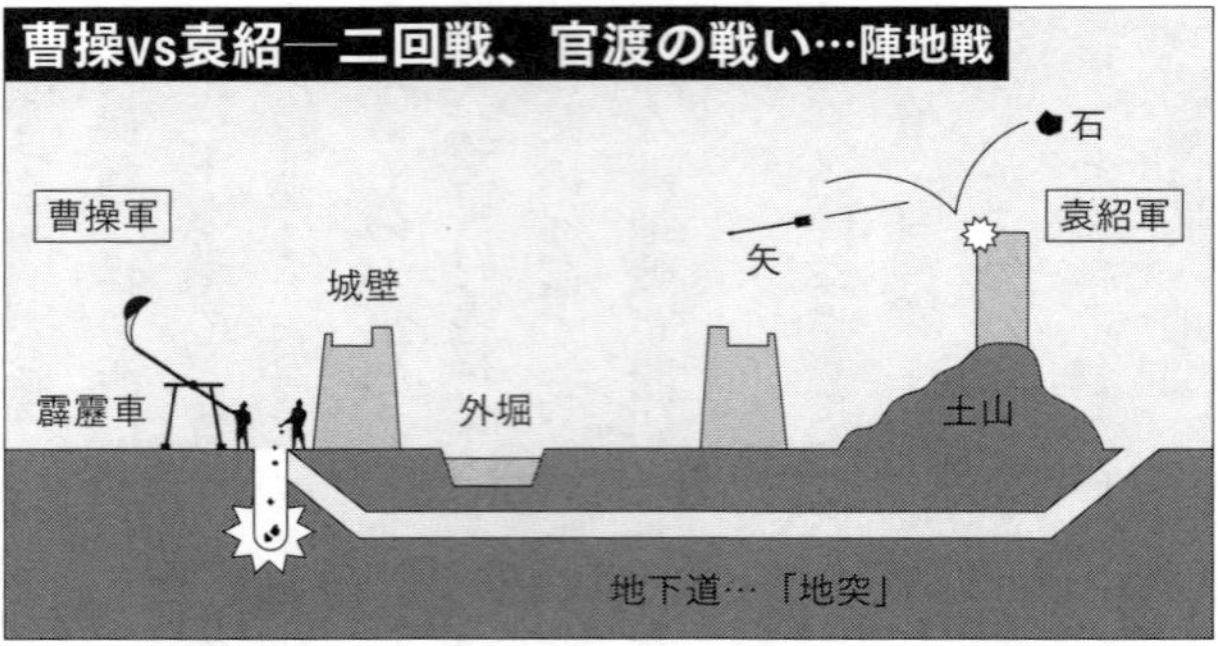

※劣勢だった曹操は、運動戦と陣地戦＋奇襲という戦法で袁紹に勝った。

脚し、曹操のもとに烏巣襲撃策をもたらしたのである。許攸の進言を危ぶむ声もあったが、荀攸と賈詡《かく》の勧めもあり、曹操は自ら精鋭を率いて烏巣を攻撃、淳于瓊を破り兵糧を焼き払った。袁紹は、淳于瓊を救援する一方で、曹操不在の官渡を張郃《ちょうこう》と高覧《こうらん》に攻撃させる。しかし、淳于瓊の敗退を聞いた張郃・高覧は曹操に降服、袁紹軍は総崩れとなり、官渡の戦いは曹操が勝利をおさめたのである。

官渡の勝因の第一は、許攸の降服により、袁紹の兵糧の貯蔵場所、それを守る淳于瓊軍の状況といった情報を入手したことである。曹操と袁紹は、もともと何顒グループに属していた。自らもそこに属した許攸は、戦いの前、袁紹に曹操とは戦うべきではないと諫《いさ》めている。互いに情報が洩《も》れていたからであろう。

たとえば、曹操配下の名士のなかで、孔融《こうゆう》は袁紹の勢力を過大に評価し戦うべきではない、と主張している。これに対して、荀彧はすでに述べたように袁紹と曹操との四点比較を行なって負けるはずはない、と主張した。郭嘉《かくか》も同様に、袁紹と曹操との十点比較を行ない、負けるはずはない、と主張している。これを孔融と荀彧・郭嘉との軍師としての能力差と考えることも可能である。

しかし、官渡の戦いの時にも、荀彧の弟の荀諶《じゅんしん》は袁紹に仕えていた。郭嘉もまた、かつて袁紹に仕えていた。これに対して、孔融は袁紹と係わったことはない。つまり、三人の袁紹観の違いは、持っている情報量の差によるのである。本人同士が面識を持つうえに、親族や友人を袁紹陣営に持つ荀彧や郭嘉の袁紹分析は、詳細にして正確を極める。

勝因の第二は、名士層の仲間社会の交友関係を通じて入手できる正確な情報に基づく状況分析である。メディアなき戦乱の時代において、仲間社会を持つ名士層は、重要な情報源であった。許攸がもたらしたものは、それらのなかで最新かつ的確な情報であった。袁紹が敗退した本陣からも、曹操の本拠地である許から送られた内応を告げる多くの手紙が見つかっている。もちろん、曹操側の情報も洩れていたのである。第二の要因である的確な分析が必要な理由である。

4 運動戦と陣地戦

曹操と袁紹の決戦は、緒戦の白馬の戦いが運動戦であった。劣勢の場合には、その場から移動して、敵軍が追いかけてくれば、城壁も陣地もないところで戦うことになり、地形を選び、行軍速度を工夫すれば、ほぼ同じ兵力で戦い、優勢に戦局を変えることもできる。兵力の少ない曹操軍は激しく動き、白馬で関羽が顔良を斬ったのである。

これに対して、官渡の戦いは、陣地戦となった。陣地をめぐる長期戦は、陣営を維持し、土山をつくって弩を射かけあい、地突を試みるなど、大規模な土木工事を必要とするため、兵力が多く財力に勝る袁紹側に有利となる。『孫子』の兵法もそのように説《と》いているため、曹操も弱気になって、荀彧に撤兵の相談をしたのである。荀彧は、これが天下分け目の戦いであるとして、曹操を励ました。やがて、曹操は袁紹から投降してきた旧友の許攸の策を用い、袁紹の兵糧を貯蔵してある烏巣の襲撃を自ら兵を率いる奇襲により、官渡の戦いに勝利をおさめたのである。

『演義』は、曹操の勝因を許攸の寝返りと袁紹の優柔不断に求める。それは『三国志』など史書にも記されている。ただし、それだけではあるまい。名士間の情報戦の勝利、情報分析の優越性など、時代を動かしていた荀彧を中心とする名士の活躍をそこにみることができる。だからこそ、曹操は赤壁《せきへき》の戦いの後、最も功績を挙げた者として荀彧を称えたのである。そのうえで、歴史家として中国史全体を視座として眺めてみると、「歴史」が曹操の勝利を求めていたことも分かる。

袁紹が勝ち、天下を統一しても、漢に代わる次代を切り開く国家を創ることはできなかったであろう。漢の統治システムの限界を打破する屯田制や青州兵などの政策を果敢《かかん》に推進していたからこそ、勝利の女神、中国史ではそれを「天」、あるいは「天命」と表現するが、天は曹操に微笑《ほほえ》んだのである。

第三戦

長《ちょう》坂《はん》の戦い

（曹操VS劉備　二〇八年）

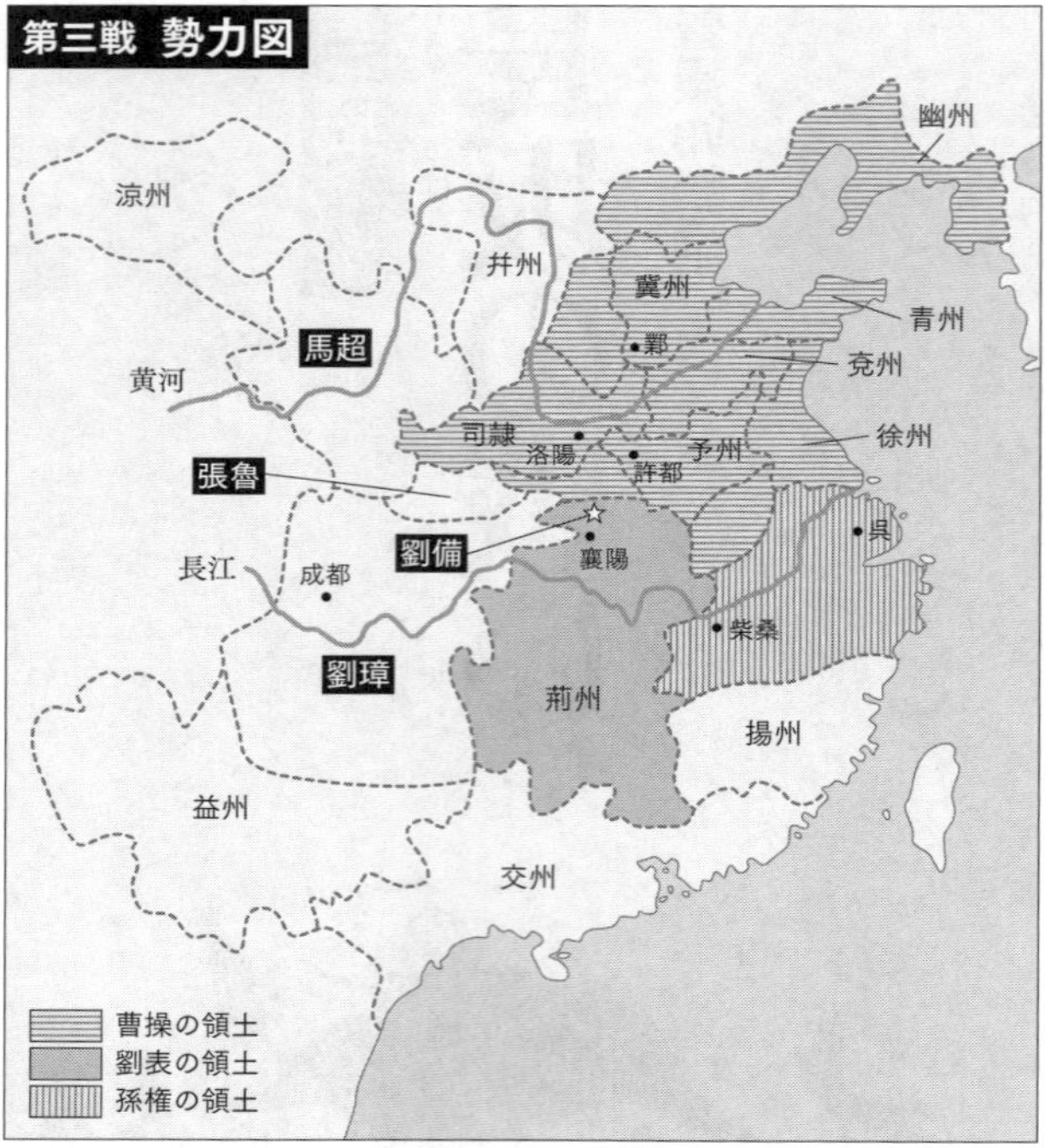

<概要>

袁氏を平定した曹操は、南下して荊州平定に向かう。劉表の病没後、劉備は民を引き連れ南に逃れた。長坂坡にて決戦となるが、曹操の殺戮に対して立ちはだかったのは張飛であった。

1　曹操の華北統一

官渡《かんと》での敗戦により袁紹《えんしょう》の威名は衰《おとろ》え、河北《かほく》では袁紹に対する反乱が相次いだ。袁紹は、その平定に奔走し、ほぼ鎮圧した建安《けんあん》七（二〇二）年に病死する。袁紹には三子がいたが、袁紹自身は末子の袁尚《えんしょう》を後継者にしようと考えていた。しかし、反乱平定に忙殺《ぼうさつ》されるうち、後継者問題を解決する暇もなく死去したため、長子の袁譚《えんたん》と末子の袁尚による後嗣ぎ争いが起きた。

それは、曹操《そうそう》を利するだけである。袁氏の南方進出の拠点である黎陽《れいよう》を陥落《かんらく》させた曹操は、いったん南の荊州《けいしゅう》攻撃に向かう。圧力が減じた兄弟は争いを開始する。袁尚は、兄の袁譚を攻撃し、行き場をなくした袁譚は曹操に降服した。兄弟の対立をあおるため、曹操はわざと南方を攻撃したのである。袁尚が平原《へいげん》の袁譚を攻めている間に、曹操は袁尚の拠点である鄴《ぎょう》を一気に攻撃した。あわてた袁尚は、援軍を率いて曹操に立ち向かう。袁尚を撃破した曹操は、逃走した袁尚の衣類を鄴に立て籠《こ》もる名士の審配《しんぱい》らに見せ、鄴を陥落させた。冀州《きしゅう》の中心であった鄴は、こののち拡充され、やがて魏王《ぎおう》に封建される曹操の都となっていく。

曹操に鄴を追われた袁尚は、袁譚に攻撃され、幽州牧《ゆうしゆうぼく》であった次兄の袁熙《えんき》を頼った。一方、曹操は、約束違反を言い立てて袁譚を殺し、袁熙と袁尚を遼西《りようせい》の烏桓《うがん》のもとへ追いつめた。建安十一（二〇六）年、曹操は烏桓征伐を兼ねて、袁熙・袁尚の討伐へ向かった。行軍は困難をきわめたが、二人は烏桓とともに敗れ、遼西の公孫氏《こうそん》のもとに逃げ込んだ。しかし、曹操への接近を考えていた公孫康《こうそんこう》に二人は殺され、袁氏の勢力は一掃《いつそう》された。

冀州牧《きしゆうぼく》となった曹操は、袁紹の地盤であった河北四州を新たに支配した。その統治の安定は、名士の協力にかかっている。郭嘉《かくか》の献策にもとづき、河北四州の名士を重く用いることにした曹操には、多くの名士が臣従した。なかでも、崔琰《さいえん》は、河北を代表する名士として別駕従事《べつがじゆうじ》に任命されると、河北の兵力や生産力ばかりに関心を示す曹操をたしなめ、民衆の生活を安んじる支配を求め、自らもそれに協力した。

のち、崔琰は、河北名士の中核となり、やがて曹操の丞相《じようしよう》府で人事を任されるまでに至る。また、降服した烏桓は、軍に編入され「天下の名騎」と恐れられた。こうして河北の平定により曹操は、軍事・経済的な力量を増大させたのである。

凱旋《がいせん》した曹操は、後漢《ごかん》の政府機構を大きく改造する。これまで、後漢の最高官であった太尉《たいい》・司空《しくう》・司徒《しと》の三公を廃止して、丞相という行政の最高官職を復活させ、自ら就任した。丞相は、前漢《ぜんかん》の高祖劉邦《こうそりゅうほう》を輔佐して功績第一とされた蕭何《しょうか》が就いていた官職である。曹操は丞相となることにより、蕭何の後継者としての殊礼《しゅれい》［臣下の地位の高さを示す特別な儀礼］を受け、自らの権威を万全のものとした。

建安十三（二〇八）年七月、曹操は南下して荊州の平定に向かう。荊州牧の劉表《りゅうひょう》が、危篤との情報を得ていたのであろう。劉表には二人の子がいたが、荊州名士を代表する蔡瑁《さいぼう》との関わりの深い次男劉琮《りゅうそう》が、有力な後継者候補であった。これに不満な長子劉琦《りゅうき》は、客将として身を寄せていた劉備《りゅうび》に接近する。

こうした状況の中、劉表は死去した。曹操と孝廉《こうれん》の同歳［同期］であった蔡瑁は、劉琮を後継者に据《す》え、多くの荊州名士を率いて、曹操に降服する。一方、劉琦とそれを助ける客将の劉備は、襄陽《じょうよう》から撤退し、荊州は予定通り、曹操の支配下に組みこまれた。

曹操は名士韓嵩《かんすう》に、荊州の名士たちの人物評価を行なわせ、それを参考にして荊州人士を政権に登用した。九品中正制度《きゅうひんちゅうせい》［魏晋南北朝時代の官僚登用制度。魏の陳羣《ちんぐん》が献策する］の源流となるこの方策により、荊州名士は、すんなりと曹操集団に吸収された。孫権《そんけん》に仕える名士は、これを我が身に当てはめ、曹操への降服を模索する。こうした中、曹操は降服要求書を孫権に送りつける。この段階で、中国の統一は目前に迫っていた。ところが、曹操の前に意外な男が立ちはだかる。三顧《さんこ》の礼で諸葛亮《しょかつりょう》を迎えていた劉備である。

2　三顧の礼

『演義』は、黄巾《こうきん》の乱の平定に立ち上がった三人の男たちが、桃園《とうえん》で義を結ぶ場面より始まる。黄巾の平定のため義勇兵を募集する、との高札を見てため息をついていると、後ろから「国に力も尽くさず、何を嘆息《たんそく》するか」と声をかける者がある。振りむくと、身長《みのたけ》八尺［明尺で約二四九㎝、三国時代の尺では約一九三㎝、以下明尺］、豹《ひょう》の頭にどんぐり眼《まなこ》、豊かな頰《ほお》に虎の髭《ひげ》、そう張飛《ちょうひ》が立っていた。高札を見ていた男は劉備、中山靖王劉勝《ちゅうざんせいおうりゅうしょう》の末裔《まつえい》ながら、蓆《むしろ》を織り、草鞋《わらじ》を売って暮らしていた。二人が酒を酌《く》み交わしていると、九尺［約二八〇㎝］の大男が入ってくる。関羽《かんう》である。郷里の豪族が無法を働くのにたまりかね、豪族を斬って亡命したという。関羽だけではない。少しは財産を持っていた張飛も、漢室の末裔という劉備も、みな豪族に虐《しいた》げられる社会の下層部出身なのである。三人は張飛の家の近くの桃園で天地神明を祭り、兄弟の契《ちぎ》りを結ぶ。

われら劉備・関羽・張飛は、姓は異なるとはいえ、ここに兄弟の契りを結んだ以上、力を合わせ心を一つにし、苦しきを救い、危うきを助け、上は国に報《むく》い、下は民を安《やす》んぜん。同年同月同日に生まれなかったことは是非ないとしても、同年同月同日に死なんことを願う」（『演義』第一回）。

三人のうち、劉備と張飛は同じ涿郡《たくぐん》［北京近郊］の出身であるが、関羽の故郷解県《かいけん》［『演義』では解良県《かいりょう》］は遠く離れている。涿郡の劉備・張飛と河東郡《かとう》［山西省《さんせい》］の関羽とでは、込み入った話だと言葉が通じたかどうか。そのくらいの距離感である。

桃園結義と関わりながら、『演義』は、第一回の総評で、「いま人が盟《ちかい》を結ぶ時には、必ず関帝《かんてい》を拝する。桃園の当日に何という神を拝して盟約を結んだのかは分からない」と、清《しん》の初期における関聖帝君《かんせいていくん》崇拝［神となった関羽への信仰］の広がりを伝えている。

「三国志」の英雄の中で、なぜ関羽だけが突出した信仰を集めるのか。距離の遠さと関帝信仰、二つの謎を解く鍵は、三人が挙兵する際に、馬と資金を提供した豪商にある。三人は商業で結ばれていたのである。

劉備が挙兵した際、中山《ちゆうざん》の馬商人である張世平《ちようせいへい》と蘇双《そそう》は、多くの金財を提供した、と『三国志』先主《せんしゆ》（劉備）伝は記す。中山は、河東郡と涿郡の中間に位置する。張世平と蘇双は、涿郡に馬の買いつけに来ていた。涿郡出身の劉備と張飛は、馬商人に資本を提供され、馬商人の取引相手であった塩商人と関わりを持つ関羽とともに、黄巾の乱に乗じて一旗あげた。やがて、徐州《じよしゆう》で劉備を支え、妹を嫁がせる麋竺《びじく》も、後世に伝説を残すほどの大商人であった。

劉備が学んだ盧植《ろしよく》の学塾の同門で、劉備が兄事した公孫瓚《こうそんさん》の集団もまた、商人との関わりが深い。さらに北方民族に近い遼西郡出身の公孫瓚は、盧植の故郷でもある涿郡まで留学に来ていた。馬の流通を介したネットワークが存在したのであろう。やがて燕《えん》［北京］を中心に政権を樹立した公孫瓚は、名士を優遇せず、絹を売り歩いた李《り》移子《いし》、商人の楽何当《がくかとう》、占い師の劉緯台《りゅういだい》と兄弟の契りを結んだ。

かれら三人はいずれも資産巨億と記される大金持ちであった。すでに述べたように、公孫瓚は「白馬義従《はくばぎじゅう》」と呼ばれる白い馬で統一した騎兵部隊を揃えることができた。その経済力は、兄弟の契りに加え、互いに婚姻関係まで結んでいた商人たちの力量に由来する。

しかし、「士農工商」という言葉が日本でも使われたように、儒教《じゅきょう》は農業を圧迫する末業として商業を卑しめる。その力を畏《おそ》れていた、と言い換えてもよい。秦《しん》や漢という国家もまた、農民支配の妨げとなる商人を抑圧していた。蜀学《しょくがく》と呼ばれる儒教を学んだ陳寿《ちんじゅ》は、当然、商人や商業の記述には冷淡で、公孫瓚が李移子らと義兄弟の契りを結んでいたことを記さない。麋竺の大金持ち伝説を記録し、公孫瓚の商人との繋《つな》がりを記すものは、裴松之《はいしょうし》の注に引用された書籍である。儒教と国家の縛《しば》りが緩《ゆる》くなった三国以降の分裂期には、商人の記録が増加していく。
このように初期の劉備集団と儒教を価値の根底に置く名士とは、その社会階層を大きく異《こと》にしていた。諸葛亮を三顧の礼で迎えて荊州南部を領有した後にも、その距離が埋まっていなかったことは、次の逸話から窺うことができる。

張飛はかつて劉巴《りゅうは》の家に遊びに行ったが、劉巴は張飛と話もしなかった。張飛はそのため怒って帰った。そこで、諸葛亮は劉巴に、「張飛は武人ですが、あなたを敬愛しているのです。あなたが、高い志をお持ちのことは分かりますが、どうかもう少し下の者にも優しくしてあげて下さい」と言った。劉巴は、「立派な人物が世の中で生きる理由は、天下の英雄「ここでは武力的なそれではなく、名声の高い知識人のこと」と交際するためである。どうして、「兵子《へいし》」（兵隊野郎）と共に語ることなどできようか」と答えた（『三国志』劉巴伝注引『零陵先賢伝《れいりょうせんけんでん》』）。

劉巴のような名士にとって、張飛は「兵子」に過ぎず、共に語るに足る存在ではなかった。それでも張飛は名士に迎合し、その反動なのか、兵には厳しく部下をよく鞭《むち》で打った。張飛の最期《さいご》は、それを恨んだ部下の寝返りによる。一方、関羽は、兵に優しい反面、名士に対抗意識を持ち自らも晩年『春秋左氏伝《しゅんじゅうさしでん》』を学んだ。しかし、荊州の陥落は、その対抗意識から糜芳《びぼう》や士仁《しじん》を軽んじ、それを恨んだかれらが、呉の呂《りょ》蒙《もう》に降服したことが原因となる。

劉備は、公孫瓚のように名士を受け入れない態度を示したわけではない。むしろ、孔子《こうし》の二十代目の子孫で、高名な名士である孔融《こうゆう》を助けるために軍を動かしたように、名士を尊重するとともに、名士に名を売ろうとしていた。したがって、一時的ではあったが豫州《よしゅう》・徐州を得ると、陳羣・陳登《ちんとう》という当時を代表する名士を迎えている。しかし、かれらは劉備がそれらの州を失うと集団に留まり続けることはなかった。名士が、本籍地を捨ててまで随従する魅力や将来性が、劉備とその集団には欠けていたのである。また、劉備も陳羣の献策に従わなかった。関羽・張飛を差し置いてまで、名士の進言に従える集団でもなかったのである。

こうして劉備の集団に、名士は留まり続けず、劉備は傭兵として群雄の間を渡り歩き、結局、劉表を頼ることになった。その間、劉備の傭兵隊長としての能力は、研《と》ぎ澄まされた。劉備には不思議な魅力があり、多くの雇い主から信頼を受け続けた。もちろん、劉備の軍隊指揮能力は、曹操に「今の世の英雄は、君と私だけだ」と言わせるだけのものがあった。『演義』では天才軍師とされる諸葛亮は、劉備の生前中、入蜀の救援時しか軍隊を率いたことはない。諸葛亮は、劉備の軍事能力の高さを信頼し、後方で補給を担当していたのである。

劉備が客将となった劉表治下の荊州は、襄陽《じょうよう》の名士蔡瑁や南陽《なんよう》の名士蒯越《かいえつ》らに支えられて安定しており、平和を求めて多くの名士が荊州に集まっていた。のちに劉備を支える諸葛亮も、徐州から荊州に移り住んでいた名士の一人であった。諸葛亮は、蔡瑁の姪《めい》を妻としたほか、姉を龐徳公《ほうとくこう》の子龐山民《ほうさんみん》に嫁がせていた。襄陽を代表する豪族である蔡氏・龐氏と婚姻関係を結んでいたのである。加えて、司馬徽《しばき》・龐徳公を指導者とし、劉表から一定の距離を保つ襄陽グループと名付け得る名士の集団において、「鳳雛《ほうすう》」〔おおとりのひな〕と称された龐統《ほうとう》と並んで、「臥龍《がりょう》」〔まだ天に駆け登る前の龍〕という高い人物を受けていた。

劉備は、荊州で焦っていた。長いこと馬に乗らなかったため、ももの内側にぜい肉がついたことを嘆く「髀肉《ひにく》の嘆《たん》」という言葉が生まれたのも、この時期である。しかし、客将という立場で、劉表の臣下に自分を売り込むことはできない。したがって、高い名声を持ちながらも、劉表では天下を統一できないと考えて距離を保っている襄陽グループの名士は、格好の接近対象であった。

また、襄陽グループ側も、劉備がこれまで掲げてきた、漢室を復興するという大義名分と、曹操までもが認める英雄としての資質には、興味をそそられた。こうした両者の思いが、劉備が諸葛亮を迎える時に尽くした「三顧の礼」をめぐる駆け引きとなって展開される。

劉備が諸葛亮を招聘《しょうへい》するために尽くした三顧の礼は、皇帝が老儒者を迎える時の礼であり、無官の青年への礼としては重過ぎる。劉備も、はじめは、三顧の礼などを尽くすつもりはなかった。襄陽グループの徐庶《じょしょ》が、劉備に「諸葛孔明《こうめい》という者は臥龍です。将軍はかれに会いたいと思われますか」と尋ねたとき、劉備は、「君が一緒に連れてきてくれ」と応えている。

『演義』の設定とは異なり、三顧の礼の際、徐庶はまだ、劉備のもとを離れてはいない。部下が友人を推薦するのであるから、連れて来させようとした劉備の言動は非難にあたらない。

しかし、徐庶は、諸葛亮を尊重させることにより、劉備集団の質的変容を求めて、「この人は、こちらから行けば会えますが、連れてくることはできません。将軍が礼を尽くして自ら訪れるのがよろしいでしょう」と返答した。こうして劉備は、三顧の礼を尽くし、諸葛亮を迎えたのである。

名士諸葛亮は、君臣関係とは別の場で成立する「臥龍」という名声を存立基盤としていた。諸葛亮の権威を保つには、名声という目に見え

三顧堂（隆中）

ない力への劉備の尊重を「三顧の礼」という形に現わす必要があった。「三顧の礼」により、自分の尊重を天下に、そして集団内の関羽や張飛に宣言させた諸葛亮は出仕する。そして、荊州・益州《えきしゅう》を領有し、孫呉《そんご》と同盟して曹魏《そうぎ》と戦う「草廬対《そうろたい》」と呼ばれる基本方針を披露して、劉備の方針を定めた。曹操を迎え撃つ準備は整った。ここに、曹操が南下してきたのである。

3　長坂の戦い

曹操が南下して劉表が病死すると、劉備は曹操に追われ南に逃れた。劉備を慕って続々と荊州の民衆が合流し、当陽《とうよう》に至るまでには十万余に膨れあがり、進軍速度は遅かった。劉備は関羽に水軍を与え江陵《こうりょう》に向かわせ、諸葛亮を孫権へ使者として派遣した。江陵は軍事拠点であり、当初劉備はここを目指していた。江陵を取られることが嫌だった曹操は騎兵を選りすぐり劉備を急追し、長坂坡《は》で決戦となった。曹操は、民衆を含みはだか同然の劉備軍を、ほしいままに殺戮《さつりく》した。趙雲《ちょううん》が阿斗《あと》「のちの劉《りゅう》禅《ぜん》」を抱き、曹操軍の中を駆け抜けたのは、この時である。史書は、単に救ったことを記録するだけで、敵中を一騎で駆け抜けることもない。それが『演義』でどのように脚色されるのかは、4で検討することにしよう。

敗戦の中、しんがりを務めた者は張飛であった。わずか二十騎を率いた張飛は、川を背にして立ちはだかる。「わたしが張益徳《えきとく》である。やってこい。死を賭《か》けて戦おうぞ」と叫ぶと、曹操軍から近づく者は、誰一人なかったという。こうして劉備は虎口《ここう》を逃れ、無事、劉琦の拠点である夏口《かこう》にたどりつくことができたのである。

強弱の差はあっても、軍隊は前からの攻撃には、ある程度まで持ちこたえる。弱いのは背後からの攻撃である。軍隊が全滅する時は、追撃されて背後から攻撃された時か、伏兵などにより包囲された時である。曹操は、『孫子』に注をつけて、敵軍の五倍の兵力で戦う場合、五分の三で敵軍を正攻法により締めつけ、五分の二は敵が逃げないように退路で待ち、敗退してきたところを全滅させる、といっている。

背後から攻めることにより、大きな損害を相手に与えることが兵法の原則なのである。逆に言えば、軍を撤退させる時には、追撃をくい止める殿《しんがり》軍をどうするのか、が最も大きな問題となる。長坂坡の戦いにおける張飛の殿軍は見事なものであった。

また、北伐に成功せず撤退を繰り返した諸葛亮が、困難な撤退時に一度も兵を損なっていないことは、その名将と言われる理由である。

4 劉禅を守るために

劉備は、生涯で四人の夫人を持ったが、一人目の詳細は不明である。二人目は糜夫人《びふじん》［史実では糜、演義は糜を用いる］、三人目は孫権の妹の孫夫人《そんふじん》、四人目は、入蜀後に迎えた呉夫人《ごふじん》［穆皇后《ぼくこうごう》］である。妾の中で名が残るのは、劉禅を生んだ甘夫人《かんふじん》［昭烈皇后《しょうれつこうごう》］だけで、劉禅の弟劉永《りゅうえい》、劉永の弟劉理《りゅうり》を生んだ女性の名は伝わらない。

糜夫人は、劉備を支えた資産家である糜竺の妹で、建安元（一九六）年に正妻として迎えられた。その際の持参金で劉備は勢力を盛り返したという。こののち、糜夫人は死去するが、その時期は、荊州で孫権の妹である孫夫人を迎える建安十四（二〇九）年以前、と推定されるだけで、史書に記録はない。長坂坡で趙雲の足手まといにならないよう井戸に身を投げた、という『演義』の記述は創作である。

一方、甘夫人は、劉備が豫州刺史《しし》となった興平《こうへい》二（一九五）年に、納《い》れられた妾である。建安十二（二〇七）年、甘夫人は荊州で男の子を生む。これが劉禅である。建安十三（二〇八）年、荊州に南下した曹操に襲われるが、趙雲により当陽県の長坂坡で阿斗［劉禅］とともに救出される。劉禅はこの時、二歳［中国前近代では、生まれた時に一歳と数える］である。甘夫人が死去した時期は、荊州の南郡《なんぐん》に埋葬されたので、劉備の入蜀［建安十六（二一一）年］以前と考えられる。

劉備の夫人のうち、皇后の称号を持つ者は、劉備が皇帝に即位した時の呉夫人［穆皇后］、そして甘夫人［昭烈皇后］である。甘夫人が妾でありながら皇后の称号を持つ理由は、章武《しょうぶ》三（二二三）年、劉備の崩御に伴い、子の劉禅が即位したため、『春秋《しゅんじゅう》公羊伝《くようでん》』の「母は子を以て貴し」の義例《ぎれい》［原則］に基づき、「昭烈皇后」と追尊《ついそん》［亡くなったあと称号を贈る］され、劉備と合葬されたためである。

長坂における二夫人は、『三国志平話《さんごくしへいわ》』では、阿斗を救いに戻った趙雲が、二夫人とも曹操に殺害されました、と劉備に報告している。曹操の悪さや強さを強調するためであろうが、文学性は、ここにはない。これに対して『演義』は、現存最古の嘉靖《かせい》本《ぼん》からすでに、史実では没年が分からない麋夫人を劉禅を守るために井戸に身を投げて死んだと描き、史実では南郡で死去している甘夫人を生き残らせる。しかも、史実では妾であったはずの甘夫人を正妻と位置づけ直しているのである。

史実化につとめたとされる通行本の毛宗崗本《もうそうこうぼん》も、甘夫人を正妻とする設定を書き改めることはない。その一方で、糜夫人は、毛宗崗本だけが、皇后に追尊されたと書き改めている。史実の糜夫人は、皇后に追尊されていない。毛宗崗本が、史実をねじ曲げてまで、糜夫人を高く評価するのは、自らの命を断って、劉禅を救ったためである。

毛宗崗本は、「人はただ趙雲が死を惜しまずにその主を守ったことを知っているだけで、糜夫人が死を惜しまずにその子を守ったことを知らない。趙雲はもとよりすぐれた男子であるが、糜夫人もまたすぐれた婦人である」と評をつけ、糜夫人が死を顧みず、漢、そして劉氏の継嗣《けいし》を守った「義」を絶賛する。

しかし、これほど糜夫人を高く評価し、かつ史実では、糜夫人が正妻であるにもかかわらず、毛宗崗本は、甘夫人が正妻、糜夫人が妾という設定を書き改めない。それは、劉禅を嫡長子とするためである。史実では妾の子である弟の劉永・劉理は、『演義』では呉皇后の長子と次子とされている。劉禅を生んだ甘夫人が妾であれば、正妻である呉夫人が生んだ嫡長子の劉永こそ後嗣ぎに相応《ふさわ》しい。こうした解釈を防ぐために、毛宗崗本は、甘夫人の正妻を動かさず、糜夫人に皇后を追尊したのである。

これにより、『演義』では、劉永・劉理の選択肢は消え、選択の余地なく後嗣ぎは劉禅となる。しかし、史実では、三人とも妾の子であるため、劉禅の継嗣は必然ではない。劉永か劉理が第二代皇帝であれば、蜀漢の滅亡は避けられたのではないか。

こうした疑問は、劉禅を継嗣とした劉備、そして諸葛亮への批判につながり、『演義』の主人公と主役の無謬性《むびゅうせい》が揺らぐ。このため毛宗崗本は、井戸に身を投げた糜夫人を皇后に追尊する虚構を加えて、その義を高く評価する一方で、甘夫人を正妻とする虚構を継承して、劉禅を継嗣とした劉備、輔弼《ほひつ》を続けた諸葛亮の正統性を守ったのである。

趙雲が長坂坡で守った劉禅は、『演義』でも夫人たちに対する複雑な書き換えによって、その正統性を守られていたのである。

第四戦

赤《せき》壁《へき》の戦い

（曹操VS孫権、劉備　二〇八年）

＜概要＞

荊州を制圧した曹操は、江東の孫権を攻撃した。孫権陣営は、当初降服論が優勢であったが、主戦論の周瑜が曹操との決戦へと導いていく。三国志史上、最も有名な戦いである。

1　美周郎《びしゅうろう》

『演義』において孫呉《そんご》は、道化《どうけ》の役回りを強《し》いられている。主役である蜀漢《しょくかん》の諸葛《しょかつ》亮《りょう》の神算《しんさん》鬼謀《きぼう》、敵役《かたきやく》でありながら勝者でもある曹操《そうそう》の颯爽《さつそう》とした活躍を盛り立てる舞台廻しや引き立てが、呉の役所《やくどころ》とされている。

孫呉の基礎を築いたものは、孫策《そんさく》・孫権《そんけん》の父にあたる孫堅《そんけん》である。黄巾《こうきん》の平定に力を尽くした朱儁《しゅしゅん》に見出され、反董卓《とうたく》連合の中で唯一董卓を破った孫堅であるが、その結果としての洛陽《らくよう》への一番乗りから、孫呉の悲劇は始まる。『演義』は、孫堅が洛陽で入手した伝国璽《でんこくじ》をネコババした結果、のたれ死ぬと予言する。

董卓が去ると連合軍は、孫堅を先頭に洛陽に乗り込んだ。焼けこげた宮中に陣をかまえる孫堅は、五色の光が立ち上る井戸から、秦《しん》の始皇帝《しこうてい》以来、代々の皇帝が受け継いできた「伝国の玉璽《ぎょくじ》」を発見した。これがあれば皇帝になれる、と病気を理由に帰国を図る孫堅。しかし、密告により袁紹《えんしょう》はすでにそれを知っていたのである。

こうした『演義』の叙述には、基づく史書がある。孫呉を正統とする韋昭《いしょう》の『呉《ご》書《しょ》』『三国志』の裴《はい》注に引用され、部分的に残る。『三国志』の「呉書」部分の種本」が、孫堅による伝国璽の取得を記録しているのである。孫呉末期に生きた韋昭は、建国の正統性を玉璽に求めようとしたのであろう。しかし、裴松之《はいしょうし》は、孫堅は漢《かん》に強い忠誠心を持っており、伝国璽を盗むはずはない。韋昭は、孫呉の正統性を主張しようとして、かえって孫堅の名誉を傷つけている、とこの記事を批判している。

　史実における孫堅の弱みは、伝国璽よりも、江東《こうとう》の弱小豪族の出身であるため拠点を持てず、経済的に袁術《えんじゅつ》に依存し続けたことにある。結果、孫堅の死後、その集団は袁術に吸収された。こうした場合、集団は求心力を喪失することが一般的である。事実、孫堅の元部下であった桓楷《かんかい》は、新任の長沙《ちょうさ》太守《たいしゅ》の張羨《ちょうし》には曹操に与《くみ》することを勧め、自らも曹操の招きに応じ傘下《さんか》に入った。

　しかし、程普《ていふ》・韓当《かんとう》・朱治《しゅち》・黄蓋《こうがい》といった孫堅の武将たちは、集団崩壊の後にも孫氏への忠誠を貫き通した。赤壁《せきへき》の戦いの際にも、張昭《ちょうしょう》らが降服論を唱える中、周瑜《しゅうゆ》の指揮下、曹操との決戦の主力となった者は、これら孫堅以来の武将であった。これが、孫堅の息子たちへの第一の遺産である。

　約四百年続いた漢の権威はなお強く、三国の樹立者は、漢の再興を掲げた劉備《りゅうび》、献《けん》帝《てい》を擁立し続けた曹操と、漢への忠義を大義名分《たいぎめいぶん》として掲げていた。他方、袁術・袁紹のように、漢に代わる国家の建設を早くから掲げる勢力は自滅した。陽人《ようじん》の戦いで董卓を破り、董卓に暴《あば》かれた漢の皇帝の陵墓《りょうぼ》を整備するなど、漢への忠義に貫かれた孫堅の一生は、孫策に袁術から自立する際の正統性を与えるだけでなく、孫権がやがて江東を安定的に支配する大義名分の根拠となった。これが、子たちへの第二の遺産である。やがてこれは、孫策に仕えた張紘《ちょうこう》により「漢室匡輔《かんしつきょうほ》［漢を正し守る］」という理念に昇華《しょうか》される。

それでも、父の後を嗣いだ孫策の待遇は、袁術の私兵も同然であった。太守の地位を約束に孫策が攻略した九江《きゅうこう》郡・廬《ろ》江《こう》郡は、いずれも袁術直属の配下に太守の地位を奪われた。孫策はいいように使われるばかりであった。父の遺産が生きたのは、袁術が皇帝を僭称《せんしょう》した時のことである。孫策は、袁術の漢への不忠を非難した決別書を送るが、その背景には父の漢への忠義があった。袁術から自立した孫策は、周瑜の助けを得て江東を平定した。

しかし、建安《けんあん》五（二〇〇）年、曹操と袁紹が官渡《かんと》で対峙《たいじ》している隙《すき》を衝き、曹操の本拠の許《きよ》を襲って献帝を迎えんとした矢先、かつて殺害した呉郡《ごぐん》太守の許貢《きよこう》の部下に暗殺された。二十六歳のことである。

同じ地方政権でありながら、蜀漢が長く蜀の人々から愛され続けることに対し、孫呉が江東で愛されない理由の一つは、孫策による陸康《りくこう》の族滅にある。袁術の命を受け、孫策が攻撃した廬江太守の陸康は、呉郡を代表する豪族「呉の四姓《しせい》」の出身であった。呉郡の富春県《ふしゅん》の弱小豪族出身である孫氏は、陸氏を筆頭とする「陸・顧《こ》・朱《しゅ》・張《ちょう》」という呉の四姓の支持を得て、呉郡に基盤を構築することが、孫堅以来の宿願《しゅくがん》であった。

孫堅の後を嗣いだ孫策は、袁術から自立する前に陸康を訪ねている。袁術の私兵同然の状況から抜け出すため、郷里の大豪族たちの協力を求めに行ったのであろう。しかし、陸康は自ら会おうとはせず、部下の役人に応対させただけであった。

孫策は、つねづねこれを恨みに思っていたという。父孫堅は呉の四姓を尊重し、陸康の甥から救援を頼まれた際に、躊躇なく軍を進めている。それなのに、という孫策の気持ちは共有できよう。ゆえに孫策は、容赦なく陸康を攻撃し、一族の大半を殺害した。これにより、陸氏を筆頭とする江東の名士・豪族は、孫策に対して抜き差しならない感情を持つに至る。孫呉政権の滅亡まで続く、孫氏と江東との対峙性がここに生まれた。

臨終の際、孫策は弟の孫権に、「軍勢を動員し、天下の群雄たちと雌雄《しゆう》を決するこ

周氏（周瑜）の系譜

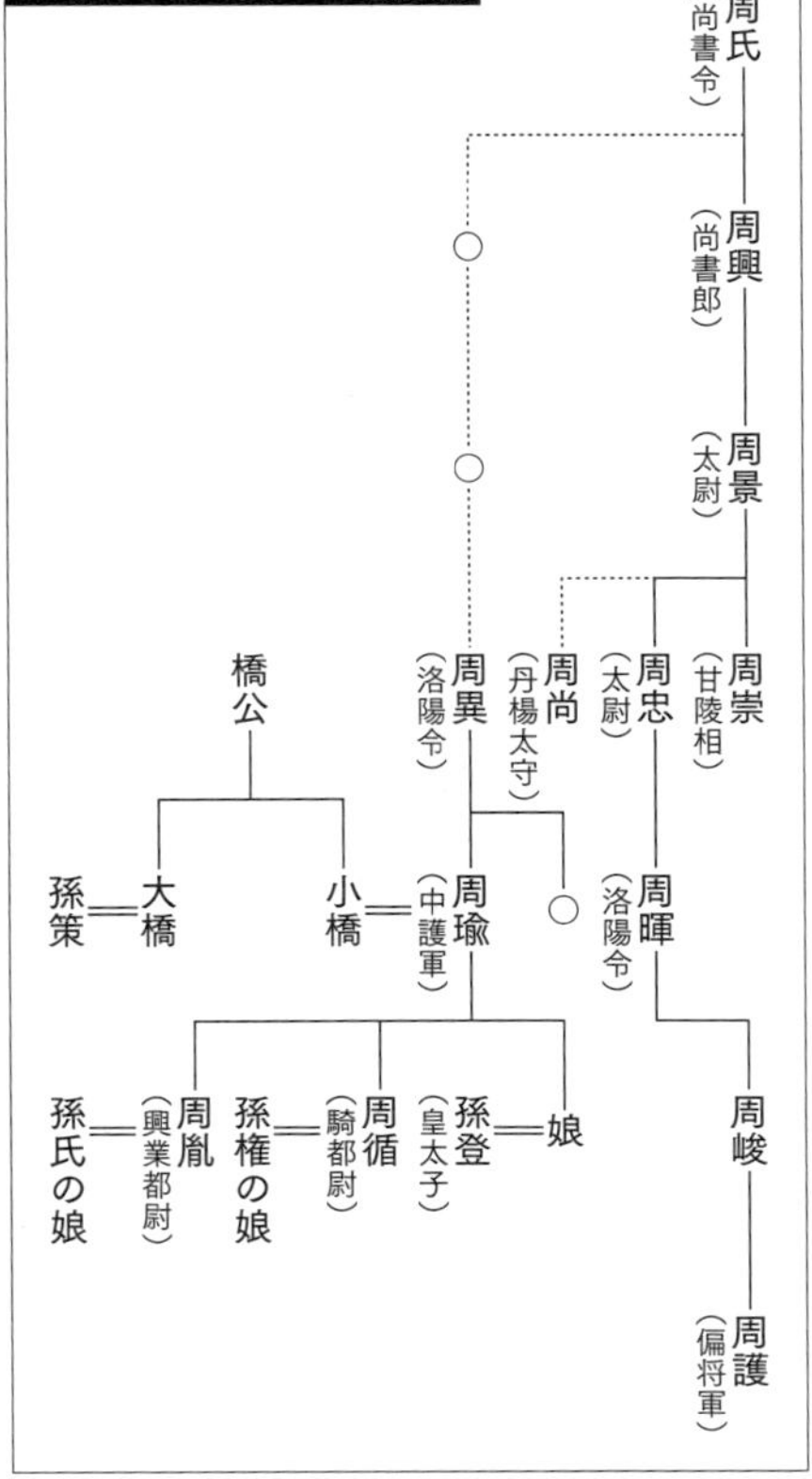

とでは、お前はわたしに及ばない。しかし、賢者の意見を聞き、才能のある者を用いて、江東を保つことでは、お前の方がわたしよりも優れている」と言い遺す。陸康を直接手にかけた自分への江東の反発を最期まで気に病んでいたことが分かろう。

呉の四姓を筆頭とする江東名士との対立を抱える孫策が、それでも江東を平定できた理由は、ひとえに周瑜の協力を得たことによる。周瑜は、呉の四姓とはレベルの異なる名士であった。呉の四姓の筆頭であった陸康は廬江太守に過ぎない。

これに対して、周瑜の生まれた「廬江の周氏」は、「二世三公《にせいさんこう》」を誇る揚州《ようしゅう》随一の家柄であった。なかでも周瑜の従祖父にあたる周景《しゅうけい》は、反宦官派として高い名声を持ち、故吏《こり》〔もとの部下〕として陳蕃《ちんばん》・李膺《りよう》という「党人《とうじん》」〔後漢末期に宦官の政治介入に反対し、弾圧を受けた名士の源流〕の中心人物や、荀彧《じゅんいく》の父である荀緄《じゅんこん》を持つ。周瑜が「周郎《しゅうろう》」〔周の若殿さま〕と呼ばれ、演奏の最中に音を間違えると振り向く、と言われる音楽的センスを持っていたことは、名門周氏の貴公子に相応しい逸話である。『三国志』周瑜伝にも「姿貌《しぼう》有り」と明記される容姿端麗な名門の貴公子、それが周瑜であった。

歴代の宰相家である「廬江の周氏」には、呉の四姓クラスでは知り得ない情報も寄せられる。黄巾の乱がいかに猖獗《しょうけつ》を極めたか、横暴な董卓を破った孫堅がいかに強力であったか。周瑜は、孫堅が華北で転戦する間、孫策ら家族を自分の郷里に呼び寄せている。周瑜は孫策の母にも面会をし、有無《うむ》を通じ合って暮らしたという。周瑜が孫氏の面倒を見ていたのである。

こうした周瑜と孫策との結びつきは、両者の個人的な友情を踏まえた上で、さらにその背景を考えなければなるまい。黄巾の乱を契機とする混乱期に乗じて、孫氏は武力により急速に台頭した。揚州に名声を持つ周氏は、揚州への規制力を維持するために、武力を持つ新興の孫氏と結合することが有利である。また武力だけに頼って台頭した新興の孫氏にとって、周氏の持つ名声は、覇権の確立に大きな役割を果たす。丹陽《たんよう》太守となっていた従父周尚《しゅうしょう》の力により、周瑜が孫策のために、強力な水兵を出すことで名高い丹陽で、軍勢と船と食糧を準備したことは、袁術から自立した孫策が、周氏の地位と名声に依拠《いきょ》したことを端的に物語る。

こうして周瑜は孫策の盟友として、江東平定に協力する。橋公《きょうこう》の娘大橋《だいきょう》を孫策が、妹の小橋《しょうきょう》を周瑜が娶《めと》り、義兄弟の関係を結んだほか、周瑜の娘が孫権の太子孫《そん》登《とう》に嫁ぎ、周瑜の長子が孫権の娘を娶るなど、周氏と孫氏とは、幾重にも及ぶ婚姻関係でその結びつきを深めていく。

孫策が卒すると、周瑜は、行政を担当した長史《ちょうし》の張昭とともに、軍を握る中護軍《ちゅうごぐん》として孫権を支えた。もちろん孫権が親任した者は周瑜であった。孫権は、名士を積極的に取り込む政策を取った。その結果、孫策の時には政権との距離を保っていた諸葛《しょかつ》瑾《きん》や魯粛《ろしゅく》・歩騭《ほしつ》などの北来名士［長江《ちょうこう》流域より北部から移住した名士］や揚州名士が次々と政権に参入した。

とりわけ、江東名士を代表する呉郡の陸遜《りくそん》が加入した意義は大きい。陸遜は、陸康一族の生き残りである。それが孫権に出仕し、さらに孫策の娘を娶ったことは、孫氏と江東名士の和解の象徴と言えよう。こうして孫呉は、孫策の武名に依存する集団から、揚州名士の周瑜と張昭ら北来の名士とが支える政権へと変貌した。孫権は、周瑜の支えを得て、江東支配を安定させたのである。

2　魯粛の創見《そうけん》

周瑜によって、江東支配の安定がもたらされつつあるころ、曹操は荊州に南下し、またたく間にこれを降服させた。危急存亡《ききゅうそんぼう》の孫氏を救った者は、周瑜が重用するよう孫権に勧めていた魯粛であった。

魯粛は、徐州臨淮郡《じょしゅうりんわいぐん》の豪族である。周瑜に軍資の援助をして、名士となった。郷里が戦乱に巻き込まれると、周瑜を頼って江東へ赴き、一時孫策に出仕したが、重く用いられることはなく、祖母の帰葬《きそう》のため郷里に戻った。これを見た周瑜は、鄭宝《ていほう》に仕えようとした魯粛を引き止め、後を嗣いだばかりの孫権に魯粛を重用することを強く勧めた。孫権は魯粛に今後の方針を尋ねる。魯粛は今後、孫権が取るべき戦略として「天下三分の計」を献策する。

曹操は強く、漢は復興できないので、将軍［孫権］は江東を拠点に天下に鼎足《ていそく》する［三本足で立つ、つまり天下を三分してその一方を孫権が支配する］状況を作り出し、皇帝を名乗ってから、天下の変を待つべきです（『三国志』魯粛伝）。

この時孫権は、張紘がまとめた「漢室匡輔《かんしつきようほ》」を方針として掲げていた。その方針と異なる、というよりは、「大一統《だいいつとう》［一統を大《とうと》ぶ、天下は統一すべきである］」と「聖漢《せいかん》［孔子《こうし》がその成立を予言した聖なる国家である漢］の復興」を否定する点で、後漢の国教であった儒教を逸脱《いつだつ》する先進的な主張であった。伝統的な名士である張昭は、革新的な意見を持つ魯粛を嫌い、重用しないよう孫権に進言する。

しかし、孫権は魯粛を高く評価した。のちに孫権が即位した際、「かつて魯粛は、わたしがこうなることを予言してくれた」と魯粛を追憶している。周瑜でさえ口にしなかった孫権の即位を、最初に言い出した者が、魯粛であったことに孫権は感謝しているのである。

赤壁に先立ち、使者として派遣された魯粛は劉備と会見し、諸葛亮にも兄の諸葛瑾と友人であることを告げて交友関係を結ぶ。諸葛亮とともに孫権との連合を劉備に承諾させた魯粛は、その証《あかし》に諸葛亮を呉への使者として連れ戻る。降服論も唱えられる中、魯粛が自分の戦略どおり孫権を江東に鼎足させるため、周瑜とともに曹操を撃破していく。

3　赤壁の戦い

建安十二（二〇七）年、曹操が南下して荊州を降し、劉表《りゅうひょう》の旧臣をそれなりの地位に就けると、張昭ら北来名士は降服を主張する。降服論が優勢な中、主戦論を唱える魯粛は、曹操への方策を周瑜に尋ねることを求める。周瑜が主戦論を説くと、呉の衆議《しゅうぎ》は、周瑜の主戦論に与《くみ》した。君主である孫権が跳ね返せなかった降服論を、周瑜一人の力により圧倒した影響力に注目すべきである。揚州における周氏の名声は高く、呉の主力軍を率いていた者も中護軍の周瑜であった。

孫権が曹操の圧迫を受けたのは、赤壁の戦いが初めてではない。次第に華北を統一していく曹操から人質を出すよう要求されたこともある。孫権は、周瑜と二人で母の前で相談し、周瑜の主張どおり、人質を送ることを拒否している。その際、孫権の母は、周瑜を実の子と同じであると言い、周瑜の議論に従うことを孫権に勧めている。孫氏と周氏との深い繋がり、および外交の判断を名門周氏の情報収集力に依拠していたことが分かる。

　曹操の率いる数十万の軍勢に対して、周瑜と程普の指揮する孫権軍はわずかに数万、この劣勢を覆《くつがえ》したものが、黄蓋の献策であった。黄蓋は、曹操の水軍の密集ぶりを見て、投降を装《よそお》い、焼き討ちを掛けることを進言する。

『演義』では、周瑜と諸葛亮の発案とされる火攻めは、黄蓋が考案したものである。『演義』はその功績を取り上げる代わりに、黄蓋が投降する際に、わざと周瑜に罰せられ曹操に投降を信じさせる

赤壁（湖北省赤壁市）

「苦肉《くにく》の計」という虚構を創作している。しかし、史実では、曹操は、黄蓋の降服に疑問を持たなかった。その理由は、後述しよう。

建安十三（二〇八）年十二月、黄蓋は先陣をきって船を出す。快速船十隻に、枯れ草や柴を積みこんだ黄蓋は、折からの東南の風に乗って曹操軍に近づき、兵士たちに「黄蓋が降服する」と叫ばせた。

曹操軍まであと二里の距離で黄蓋は、船に満載した枯れ草に火をかける。激しい東南の風にあおられた船は、炎の矢のように曹操の船団に突入する。火は、船を焼きつくして陸上の陣をも襲う。黄蓋に続いて周瑜も、精鋭部隊を率いて上陸する。

曹操は、烏林《うりん》から華容道《かようどう》沿いに江陵《こうりょう》に向かって敗走した。このあたりは湿地帯である。曹操は、疲労の極《きわみ》にある兵士を激励して竹や木を運んでぬかるみを埋め、何とか危機を免《まぬか》れた。江陵に曹仁《そうじん》と徐晃《じょこう》を、襄陽《じょうよう》に楽進《がくしん》を残した曹操は、許に帰還《きかん》する。赤壁の戦いは、曹操の大敗に終わったのである。

曹操にとって天下分け目の戦いは、官渡の戦いである。赤壁の戦いで大打撃を被った印象を受けるが、曹操は兵を引いた原因を疫病にあると言い続けた（『三国志』武帝《ぶてい》紀《き》)。むろん、負け惜しみであり、天下統一が赤壁の敗戦で頓挫《とんざ》したことは事実である。敗因は、慣れない水戦と油断にある。

曹操だけではなく、これまでの中国史では、戦いは騎兵を切り札とする陸戦で決するものであった。長江流域の勢力が、黄河流域の勢力を水戦で破ったことは、赤壁の戦いを始まりとする。華北を中心とした黄巾の乱、および折からの地球規模での気候変動による寒冷化は、長江流域の人口を増加させていた。長江中下流域を支配する孫呉、上流域を支配する蜀漢が、曹魏に対抗して三国鼎立を実現できた理由である。曹操が水戦に慣れていないことは当然なのである。

曹操が、荊州討伐に向かう際に、大規模な戦いを想定していたのかも疑問である。七月に遠征を開始して、八月に孔融《こうゆう》を殺害しているのは、その証拠である。劉表政権を支えていた蔡瑁《さいぼう》とは孝廉の同歳［同期］として旧知であり、劉表危篤の情報は、そこから得ていたであろう。益州からは、劉璋《りゅうしょう》が曹操に恭順《きょうじゅん》の意を示すために軍隊を派遣していた。そして、孫呉に対しては、張昭だけではなく、孫賁《そんふん》にも内応を求めていた。孫賁の娘は曹操の子に嫁いでいたのである。赤壁の戦いに際して、朱治は、曹操に人質を送って降服しようとしていた孫賁を直接出向いて思いなおすように説得している（『三国志』朱治伝）。

曹操は戦わずして勝つことを理想とする『孫子』の注釈者である。『孫子』謀攻篇に、「百戦して百勝することは、最善のことではない。戦わずに相手の軍隊を屈伏させることこそ、最善のことである」とある。それは、勝利をおさめても、国家の疲弊、軍事力の減退を招くためである。

荊州の劉表を降服させたように、そして益州の劉璋からも恭順を示す援兵が派遣されていたように、揚州の孫権陣営に対しても、曹操は降服を求めるための入念な下準備をしていたと考えてよい。そこに黄蓋が偽降の使者を出した。油断していた曹操は、これを信じ、火攻めに敗れたのである。

赤壁の戦いは、主戦論を説いた周瑜の主導で始まり、周瑜の指揮により勝利をおさめた。まさしく、周瑜が呉を守った戦いである。孫呉における周瑜の地位と影響力は、以前にも増して高まった。それでも、周瑜は、将軍号しか持たない孫権を皆がさほど尊重しない中で、率先して敬意を払ったため、君臣間の上下関係が確立したという。周瑜は、君主を凌《しの》ぐ名声を持ちながら孫権を支え続けた。

後漢の名門に生まれた周瑜の戦略は、天下統一策であった。周瑜自らが益州の劉璋を打倒し、馬超《ばちょう》と結んで長安《ちょうあん》に進出する一方で、孫権が江東の軍を率いて攻め上がり、曹操を挟撃する。その実現を目指して益州侵攻の準備をしていた矢先、周瑜は後事を魯粛に委《ゆだ》ねて病没する。三十六年の生涯であった。

4 水軍と三国鼎立

赤壁の戦いの後、曹操は、故郷の譙県《しょうけん》で水軍を整え、合肥《ごうひ》に軍を進め、芍陂《しゃくひ》に大規模な屯田を開いた。孫権への防御拠点となる合肥を固めたのである。江東を制圧するためには、長江の制海権がどうしても必要となる。当時の水軍は、指揮を執るための楼船《ろうせん》を筆頭に、戦艦である闘艦《とうかん》や艨衝《もうしょう》、小型艦である走舸《そうか》などを揃《そろ》える必要があった。楼船は、前漢の武帝《ぶてい》が南越《なんえつ》と戦う際に、昆明池《こんめいち》で製造したことが『史記《しき》』に記録される。それによれば、楼船の高さは十余丈《じょう》（一〇丈は二三m）であったというから、その巨大さが理解できよう。

曹操も、杜畿《とき》に命じて楼船を造らせたが、その試運転中に、風波のため沈没した。ちなみに、楼船と運命を共にした杜畿の孫にあたる杜預《どよ》は、西晉《せいしん》の武将として孫呉を滅ぼす中心となっている。単に船を造るだけではなく、乗組員の育成も考えると、曹操の存命中に孫呉を滅ぼすことは難しくなったと考えてよい。

そうした情勢に拍車《はくしゃ》をかけたものが魯肅の外交である。赤壁の戦いの際に兵力を温存した劉備は、戦後、荊州の南部を攻撃して、これを領有した。魯肅は、孫権はもとより周瑜でさえ反発した劉備の荊州支配を「天下三分」の実現のため、側面から強力

三国赤壁古戦場（テーマパーク）

に支援する。そして、劉備が他に支配地を得るまで、荊州を劉備に貸与するという案によって両陣営をまとめあげた。

孫権が荊州を劉備に貸与したことを聞いた曹操は、衝撃のあまり筆を落としたという。曹操の視座からは、曹操に対抗させる第三極としての劉備を創り出すという魯粛の描く基本戦略の大きさが、当事者の劉備や孫権以上に把握できたのであろう。

もちろん、孫権は、劉備が益州を領有すると、長沙・零陵《れいりょう》・桂陽《けいよう》の三郡の返還を要求する。魯粛は、単独で関羽《かんう》と会見し、荊州を分割した。呉に渦巻く反対論を押し切って荊州を貸してくれた者が、魯粛であったことを劉備や関羽はよく理解していたのである。

魯粛は、天下三分を実現するために、諸葛亮の外交を支持し、赤壁の戦いの後には荊州を劉備に貸し、呉の輿論《よろん》を納得させて、天下三分の基本を作り上げた。「三国時代」という形をつくりあげたのは、曹操でも諸葛亮でも周瑜でもない。その構想は魯粛より出《い》で、魯粛の才により実現したのである。

第五戦

潼《どう》関《かん》の戦い

（曹操VS馬超　二一一年）

＜概要＞

赤壁で敗北した曹操は、威信を回復するため関中・涼州の平定をめざす。関中に兵を進めた曹操に対し、涼州の雄・馬超は韓遂と共に潼関に兵を進めたが……。

1 涼州の動向

赤壁《せきへき》の戦いに敗れた曹操《そうそう》は、失墜《しっつい》した威信を回復するため、呉《ご》に備える一方で、関中《かんちゅう》から涼州《りょうしゅう》の平定を目指していく。時間軸を戻しながら長安《ちょうあん》を中心とする関中、そして董卓《とうたく》の基盤であった涼州の動向を確認していこう。

初平《しょへい》三（一九二）年五月、董卓を打倒した王允《おういん》と呂布《りょふ》は、李傕《りかく》と郭汜《かくし》に敗れた。その後、建安《けんあん》元（一九六）年八月に、曹操が献帝《けんてい》を擁立するまでの約四年間は、「二袁」と呼ばれた袁紹《えんしょう》と袁術《えんじゅつ》、そして献帝を擁した李傕と郭汜という二組の対立が終わり、袁紹と曹操の二強時代への過渡期と位置づけられる。関中で行なわれていたものは、後者の争いであった。

王允を殺害した李傕と郭汜は、張済《ちょうさい》・樊稠《はんちょう》らとともに、献帝に迫って高官となり、朝政をほしいままにした。これに対して、興平《こうへい》元（一九四）年、献帝の側近である种劭《ちゅうしょう》・馬宇《ばう》らの手引きで、征西《せいせい》将軍の馬騰《ばとう》、鎮西《ちんぜい》将軍の韓遂《かんすい》が涼州から来襲《らいしゅう》する。さらに、益州牧《えきしゅうぼく》の劉焉《りゅうえん》が、長安に出仕していた子の劉範《りゅうはん》と連絡を取りつつ、援軍を派遣してきた。しかし、涼州・益州連合軍は、長平観《ちょうへいかん》の戦いで、郭汜と樊稠に敗れ、种劭・劉範らは殺された。まもなく劉焉も失意により病死をし、子の劉璋《りゆうしよう》が後を嗣いだ。

馬騰らを撃退した郭汜は後《こう》将軍、樊稠は右《ゆう》将軍となり、車騎《しやき》将軍となっていた李傕と同様に幕府《ばくふ》を開いた。李傕は二人の台頭を喜ばず、興平二（一九五）年に樊稠を殺した。郭汜と李傕の対立が、長安での市街戦に発展すると、李傕は献帝を本陣に招き入れ、郭汜は三公・九卿《きゆうけい》を拉致《らち》した。かつて、孫堅を抜擢し、黄巾《こうきん》を平定して大司農《だいしのう》となっていた朱儁《しゆしゆん》が、郭汜に捕らえられ憤死したのは、このときのことである。

献帝の側近は、二人を和解させるため、李傕陣営の切り崩しを図る。そして、李傕の将となっていた白波《はくは》［河北《かほく》・山西《さんせい》の土豪連合］の首領である楊奉《ようほう》を李傕のもとから離脱させ、精鋭の羌胡《きようこ》兵も帰郷させた。こうして弱体化された李傕は、郭汜との和睦を受諾し、張済の仲裁によって、献帝が両勢力に属さない弘農《こうのう》郡に行幸することを承認した。

献帝は、外戚の董承《とうじよう》と楊奉に奉じられて長安を脱出すると、洛陽《らくよう》を目指した。李傕と郭汜はすぐに、献帝を行かせたことを後悔し追撃したが、楊奉が呼び寄せた白波の主力である韓暹《かんせん》・胡才《こさい》・李楽《りがく》に敗れ、献帝は河東郡《かとう》の安邑《あんゆう》に行幸できた。このとき、河内太守《かだい》であった張楊《ちょうよう》が、新たに政権に加わる。あくまで洛陽への帰還を目指す董承は、張楊を自派に取り込み、白波を分断して胡才・李楽を政権外に排除し、楊奉・韓暹に護衛させながら、ようやく洛陽に帰還する。

曹操は、こうした献帝の苦況を座視していたわけではない。長安にいた荀彧《じゅんいく》の旧友である鍾繇《しょうよう》を通じて、勤皇の態度を示しながら、張楊との結びつきを強め、張楊の部下であった董昭《とうしょう》を味方につける。建安《けんあん》元（一九六）年六月、車騎将軍となっていた楊奉は、曹操を鎮東《ちんとう》将軍に推薦する。董昭が曹操との連携を勧めたのである。

そして、韓暹に圧迫された董承が、鍾繇を仲介に曹操を呼び寄せると、八月に上洛した曹操は、洛陽を制圧、司隷校尉《しれいこうい》・録尚書事《ろくしょうしょじ》を拝命して輔政《ほせい》となり、政権を掌握した。そして、董昭と謀って許《きょ》県への遷都を断行する。こうして曹操の専権が開始された。

そのころ、長安で敗れて涼州に戻っていた馬騰と韓遂は、かつての義兄弟の契りを捨て、互いに攻撃しあっていた。韓遂は、馬騰に攻撃されて敗走したが、再び軍勢を集めて反撃し、馬騰の妻子を殺した。このため両者の和睦は困難となり、戦闘が続いた。

曹操は、天子の威光を背景に、これを和睦させる。そのうえで、鍾繇と張既《ちょうき》に馬騰を召し返させ、前将軍《ぜん》・仮節《かせつ》・槐里侯《かいりこう》に任じて、関中を安定させる。さらに、曹操と袁紹の対立に際して、鍾繇は、張既を使者に馬騰を説得して、袁紹側の郭援《かくえん》を撃破させた。その後も馬騰は、曹操の援軍要請に応え、龐徳《ほうとく》を従えて張白騎《ちょうはくき》・張琰《ちょうえん》・衛固《えいこ》らの討伐に参加している。

建安十三（二〇八）年、曹操は荊州《けいしゅう》遠征に際して、馬騰らの関中割拠を危惧《きぐ》し、張既を派遣して、部曲を解散したうえで帰還するよう説得させた。そして、子の馬休《ばきゅう》を奉車都尉《ほうしゃとい》、馬鉄《ばてつ》を騎都尉《きとい》に任じたため、馬騰は一族を引き連れて鄴《ぎょう》に移住した。曹操が赤壁で大敗した際に、関中の諸勢力が、すぐに反応できなかった理由である。やがて、解体された馬騰の軍を再編した馬超《ばちょう》が、韓遂とともに曹操に敵対し、潼関《どうかん》の戦いで大敗すると、馬騰ほか三族は皆殺しにされた。『演義』は、蜀漢に仕えた馬超を良く描くため、これを隠蔽《いんぺい》し、馬騰が曹操に殺されたので、馬超は曹操と戦った、として史実と異なる記述をしている。

2　志は征西将軍

董卓だけではなく、その残党に過ぎなかった李傕や郭汜が、後漢の国政を掌握し続けられたように、涼州から関中にかけての勢力が力を持つのは、そこに後漢最強の兵力が置かれていたからである。

後漢は、北方から西方の異民族に対抗するため、東から幽州上谷郡寧県《ゆうしゅうじょうこくぐんねいけん》に駐屯する護烏桓校尉《ごうがんこうい》、并州西河郡美稷県《へいしゅうせいがぐんびしょくけん》に駐屯する使匈奴中郎将《しきょうどちゅうろうしょう》、涼州隴西郡令居県《ろうせいぐんれいきょけん》に駐屯する護羌校尉《ごきょうこうい》という「四夷《しい》中郎将・校尉」を置き、それを西北方面軍総司令官である度遼将軍《どりょうしょうぐん》に統括させていた。度遼将軍は、後漢で常設されていた唯一の将軍職である。

これらの官職を歴任した者たちを西北列将と総称すると、桓帝《かんてい》期以降の西北列将は、曹操の祖父曹騰《そうとう》と交友関係にあった。そして、東から烏桓・匈奴・羌《きょう》族と並ぶ、西北列将が対決した三民族の中で、最も後漢に脅威を与え続けたものは、羌族であった。このため、後漢では、涼州に最強の兵力を置いたが、それでも三回にわたって羌族との戦いの地である涼州の放棄論が提案されるほど、羌族は強力であった。

それほどまでに、後漢の脅威であった羌族に大打撃を与えた、西北列将を代表する将軍が、段熲《だんけい》である。段熲は、建寧《けんねい》元（一六八）年、逢義山《ほうぎざん》の戦いで、次のような戦法によって、羌族を大破した。

建寧元（一六八）年の春、段熲は兵万余人を率いて、十五日分の兵糧を持ち、彭陽《ほうよう》から直接的に高平《こうへい》を目指し、先零羌《せんれいきよう》［先零は羌族の種族名］と逢義山に戦った。羌族の兵は盛んであり、段熲の軍は恐れていた。段熲はそこで軍中に命令して鏃《やじり》を張り刃を利《と》ぎ、長矛《ちようぼう》（の歩兵）を三重にして、これを強弩《きようど》で挟《はさ》み、軽装騎兵を列ねて左右の翼とした。そして兵と将に檄《げき》を飛ばし、「いま家を去ること数千里のこの場所で、進めば大事をなすことができ、逃れれば必ず悉《ことごと》く死ぬ。努力して功名を共にせよ」と言った。こうして大いに叫び、兵はみな声に応じて馳せ赴いた。段熲は騎兵を側面から馳せさせ、（羌族の陣の側面や後方から羌族を）

突いてこれを撃った。羌族の兵は大いに敗れ、斬首すること八千余級、牛馬羊二十八万頭を得た（『後漢書』段熲伝）。

段熲は、長矛の歩兵を羌族の正面に三重に並べ、これを強力な弩兵で挟んで、軽装騎兵を左右の翼とする陣形を布した。羌族の騎兵が攻め掛かってきても、長矛を持った三列の歩兵はなかなか崩れず、その合間から弩兵が騎兵に矢を射かける。こうして騎兵の進撃を食い止めている間に、段熲軍の両翼の軽装騎兵が、機動力を生かして羌族の側面や後方に回り込むことに成功し、勝利を収めたのである。

董卓の軍事的基盤であった「涼州兵」は、段熲のこの戦法の継承者であった。したがって、董卓亡きあとも、中堅将校に過ぎなかった李傕と郭汜が、個人としては三国一の武勇を誇った呂布を撃破できたのである。しかし、李傕たちは、最終的には曹操に敗れる。実は、曹操もまた、段熲ら西北列将の後継者なのである。それは、祖父の曹騰が西北列将と親しかったことに加えて、曹操の理想とした橋玄《きょうげん》も、西北列将の一人であったことによる。

曹操には、理想と仰ぐ橋玄と同じように、辺境で漢《かん》のために戦い、功績を挙げることを人生の目標と考えていた時期がある。『魏武故事《ぎぶこじ》』に載せられる「十二月己亥令《きがいれい》」で、曹操は若年の志を自ら次のように語っている。

十二月己亥令

わたしが初めて孝廉《こうれん》［官僚登用制度］に察挙《さつきょ》［太守から推薦されること］されたときは、年少で、もとより墓穴に暮らして（孝心を示す）名を知られた士などではなかったので、天下の人から、凡庸《ぼんよう》で愚かと見られることを恐れ、一郡の太守《たいしゅ》となって優れた政治と教化を行ない、名誉を打ち立て、世の中の士にそれを明らかに知らせたかった。このため済南国相《せいなんこくしょう》［国相は太守と同じ規模の国〈行政区分、名目的に王が置かれる〉の長官］となると、残虐で汚穢《おわい》な者たちを除き、公平に察挙を行ない、宦官たちの意向に背くことをした。（しかし）自分で考えてみて、権力者たちを怒らせたことが、家の禍を招くことを恐れ、病気を理由に（故郷に）帰った。官を去った後でも、年齢はまだ若かったし、孝廉の同期の中には、年齢が五十歳になりながら、まだ老人と呼ばれていなかった者もあったことを思い、これから二十年が経ち、天下が澄み渡ることを待っても、同期の年配者と同じ歳になるに過ぎない、と内心では考えていた。

それゆえ春夏秋冬、郷里に帰って、譙《しょう》県の東五十里に精舎《せいしゃ》［隠逸するための粗末な家］を建て、秋と夏は読書、冬と春は狩猟をしようと思った。低い目立たない地に居て、泥水をかぶって自ら隠れ、賓客たちの往来も断ち切ろう、と考えたのである。しかし意のごとくにはならず、後に徴召《ちょうしょう》［皇帝から召しだされること］されて都尉《とい》［部隊長］となり、典軍校尉《てんぐんこうい》［新設された霊帝《れいてい》の親衛隊を指揮する西園八校尉《せいえんはちこうい》の一つ］に遷った。

こうして思いは改められ、国家のために賊を討ち、功を立てようと考えるに至った。諸侯《しょこう》に封建され、征西将軍《せいせいしょうぐん》［漢代を代表する方面軍司令官である四征将軍の一つ。なかでも、羌族と戦う征西将軍は漢の将軍の花形］になりたいと思ったのである。そののち、墓石には、「漢の故《もと》の征西将軍である曹侯の墓」と刻まれる、これがその志であった。しかしながら董卓の（専横という国家の大）難に遭遇し、義兵を挙げたのである……（『三国志』巻一　武帝紀注引『魏武故事』）。

これを著した建安十五（二一〇）年、曹操は丞相《じようしよう》として漢の全権を掌握していた。傀儡《かいらい》の献帝より賜与《しよ》された三万戸のうち、二万戸を辞退する「令」の始まりの部分が、この文章である。

この文章のとおりであれば、曹操はむかし、漢の征西将軍として、漢を守ろうとする志を持つ青年であった。その証拠として、曹操が、かれら西北列将の軍事的後継者であったことは、潼関の戦いに示されるのである。

3　潼関の戦い

曹操が漢中《かんちゆう》の張魯《ちようろ》討伐を名目に関中に兵を進めると、父の馬騰が解散した軍隊を再編した馬超は、韓遂とともに関中の東の関門である潼関に兵を進めた。曹操は徐晃《じよこう》らに黄河《こうが》を渡らせて馬超の背後を襲おうとしたが、逆に馬超の急襲を受け、軍が混乱して曹操自身が命を落としそうになった。校尉の丁斐《ていひ》が機転を利《き》かせて馬や牛を放ち、馬超軍を混乱させたため、事無きを得た。戦線が膠着《こうちゃく》すると、曹操は、賈詡《かく》の離間《りかん》策を採用して、まず馬超と韓遂との仲を裂いたのち、馬超との正面対決に臨《のぞ》んで、これを撃破していく。

賈詡の立案した離間策は、曹操と韓遂の父が孝廉の同歳〔同期〕であったことを利用するものである。はじめに曹操は、馬超の講和要求を表面上承知して、馬超・韓遂と会談する。その際、曹操は、韓遂と親しく昔話をした。曹操と韓遂の父が孝廉の同歳であったためである。一方、馬超は自身の武力を生かして、このとき曹操を襲撃しようとしたが、曹操の親衛隊長である許褚《きょちょ》が目を光らせていたため、実行できなかった。

そののち曹操は、韓遂に所々を黒く塗った手紙を送る。内通を疑う馬超に、たいした話ではないことを証明するため、韓遂が手紙を見せると、黒く塗った部分がある。初めから黒塗りがあったと韓遂は言うが、そうした手紙はあり得ない。ここで馬超は韓遂の内通を確信する。こうして、馬超と韓遂を分断したのち、曹操は決戦に挑んだのである。

馬超が率いる関中軍の主力は、「涼州兵」の流れを汲む軽装騎兵であった。段頬がそうしたように、馬超が軽装騎兵の機動力を生かして、背後に回り込むと曹操の勝利は難しい。

そこで、曹操は、わざと中央におとりの軽装歩兵を配置して、軽装騎兵をおびき寄せた。馬超の軽装騎兵は、おとりを一蹴したが、その背後に陣取る三段の長矛部隊をなかなか崩すことができない。そのときに、曹操軍の左右から親衛騎兵である「虎豹騎《こひょうき》」が放たれ、馬超軍の背後にまわって、馬超軍の切り札である軽装騎兵を攻撃する。虎豹騎とは、百人隊

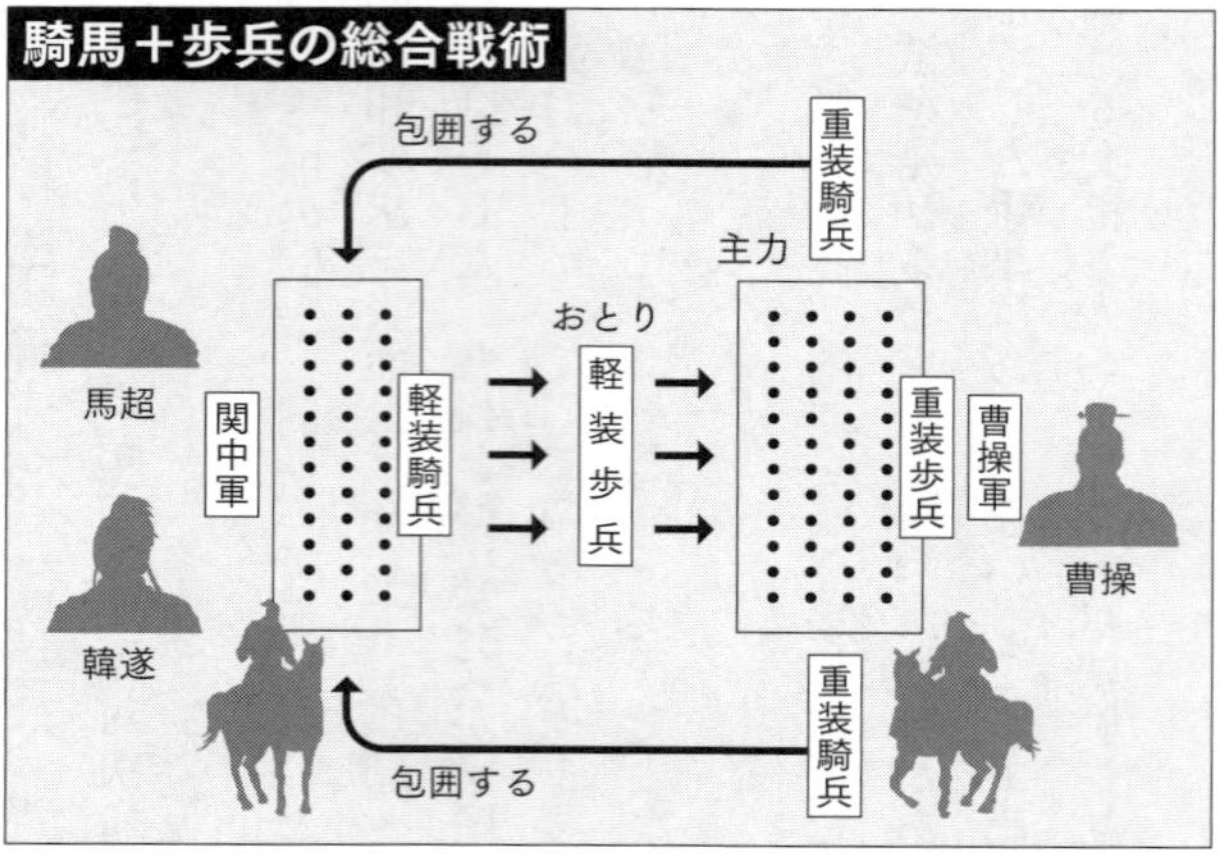

曹操は騎兵と歩兵を組み合わせて、関中の強力な騎兵を包囲し、撃破した。

長から選抜された者もいる、曹操軍の最精鋭部隊である。しかも、虎豹騎の多くは「鉄騎」と呼ばれる、軍馬も馬甲《ばこう》［馬よろい］や面簾《めんれん》［馬かぶと］で全身をおおった、重装騎兵であった。

甲騎具装は、西アジアに起源を持つが、遊牧民族を介して、東アジアにもたらされたと考えられる。そして、漢の強弩に対抗するため、匈奴などの遊牧民族が取り入れた装備であった。曹操はそうした装備を最強部隊である虎豹騎に与え、これを切り札に西北列将の系譜を引く馬超の軽装騎兵を撃破したのである。

このように曹操は、歩兵と騎兵、さらには弩兵を有機的に組みあわせた段熲の戦法に、さらなる工夫を重ねることによって、段熲の戦法を継承する馬超の軍隊を大破したのである。

4　曹操の兵法研究

曹操が段熲の戦法を基本に工夫を重ね、騎兵と歩兵を統合した総合戦術を編み出した背後には、飽くことなき曹操の兵法研究がある。中国の兵法書の中で、最も良く読まれてきた『孫子《そんし》』は、曹操の注、すなわち曹操の解釈により、今日まで読まれてきた。中国歴代の兵学者の中で、曹操の『孫子』解釈が、最も優れていたのである。それは、曹操の注が、飽くなき兵法の研究と自分の戦いの経験に裏打ちされた、説得力のあるものであったことによる。

たとえば『孫子』は、攻撃側の被害が大きくなる城攻めをなるべく避けるべきであるとする。

用兵の法は、(敵の)十(倍)であれば敵を包囲し、五(倍)であれば敵を攻撃し、二倍であれば敵を分断し、同数であれば敵と戦うことができ、(敵より)少なければ敵より逃れ、それでなければ敵を避ける(『孫子』謀攻篇)。

『孫子』は、「敵との兵力差が十倍であれば(城攻めのような)包囲戦を行なうことができる」としている。曹操はこれに注をつけて、「十倍という兵力差で敵を包囲するという原則は、敵味方の将軍の智能や勇猛さが同等で、将兵の士気・兵器の技術・武器の性能などがほぼ互角の場合である。それらが優勢なときには、十倍もの兵力差は不要である。わたしはたった二倍の兵力で下邳城《かひじょう》を包囲し、呂布を生け捕りにした」と書いている。

曹操以外にも『孫子』に注をつけた者は多く、現在まで、曹操と合わせて十一人の注が伝わっている。そのなかの一人に、詩人としても有名な唐《とう》の杜牧《とぼく》がいる。孫呉《そんご》を滅ぼした西晉《せいしん》の名将杜預《とよ》を祖先とし、祖父の杜佑《とゆう》は唐の宰相となって『通典《つてん》』という制度史の名作を著しているので、杜牧もまた軍事や制度に精通していたのであろう。

二倍で十分だとする曹操の注に対して、杜牧の注は懸命に反論をしている。しかし、実際に戦っていない杜牧の反論は、結局は机上《きじょう》の空論《くうろん》であり、現実の戦いを論拠としている曹操の注に、どうしても見劣りしてしまう。

曹操は、後世の学者たちのように、学問として『孫子』に注をつけていたわけではない。多くの兵書の研究は、実際の戦いに生かすために行なわれていた。曹操は『孫子』注の序文に、「自分はこれまで数多くの兵書を博覧してきたが、孫武《そんぶ》の『孫子』が最も優れている」と記している。だから、注をつけて『孫子』の兵法を明らかにしたのである。

そして、「『孫子』の兵法の極意《ごくい》は、緻密《ちみつ》な計算の後に、慎重に軍を起こし、錯綜《さくそう》した状況を明察・深謀するところにある。あやふやな知識で軍事を語るべきではないので、これまでの注を退けて自分が注を作る」と執筆動機を述べている。この言葉どおり、曹操の『孫子』注は、最善の解釈として、こののち『孫子』を読む者が必ず参照する注となった。それほどまでの兵学者としての力を曹操は持っているのである。これが、段熲の戦法を改良できた理由である。

曹操が注をつけた『孫子』を著した孫武（孫子）は、春秋時代（前七七〇～前四〇三年）の呉王闔廬《こうりょ》に仕えた兵学者であった。司馬遷《しばせん》の著した『史記《しき》』孫子列伝には、孫武に関する有名なエピソードが伝えられている。


（孫武の軍隊指揮能力を試してみたい）呉王は孫武に、女官を兵士に見たてた模擬訓練を命じた。孫武は女官を二隊に分け、王の寵姫《ちょうき》二人を隊長とする。

孫武は、「②前の合図があれば自分の胸を見よ。左の合図では左手、右の合図では右手、後の合図では背中を見よ」と命令し、何度も確認したのち、右の合図の①太鼓を打った。婦人たちは大笑いをする。孫武は「命令が徹底しないのは、将の責任である」というと、再度命令を確認したのち、左の合図をする。婦人たちはまたも大笑い。孫武は、「再三合図を確認したのに、③兵が命令を聞かないのは、隊長の責任である」として、寵姫を斬ろうとした。助命する王に、孫武は、「将軍に任命された以上、たとえ主君の命令でも、受けかねることがあります」と述べ、二人の寵姫を斬り、次の者を隊長に選んだ。それから太鼓を打つと、婦人たちは定規で測ったように、左右前後に動き、声をたてる者もいない。

孫武は王に、「訓練が完了しました。兵たちは、たとえ火の中、水の中、王の御命令のまま、どこへでも行くでありましょう」と報告した（『史記』孫子列伝）。

組織的な集団戦において、兵士がそれぞれ勝手な行動をとれば、戦闘そのものが成立しなくなる。命令違反者には、有無を言わさず、斬殺という厳しい刑罰が待っていた。将棋のコマに過ぎない兵士たちに人権などは無い。

唐の杜佑が著した『通典』には、曹操の発した「軍令《ぐんれい》」が引用されて、断片的に残っている。「歩戦令《ほせんれい》」という戦闘時の規定には、次のようにある。

①一番太鼓が鳴ったら、歩兵と騎兵はともに装備を整える。二番太鼓で騎兵は馬に乗り、歩兵は隊列をつくる。三番太鼓で順次出発する。……早打ちの太鼓を聞いたときは、陣を整える。斥候《せっこう》は地形をよく観察したうえで、標識《ひょうしき》を立てて適切な陣形を定める準備をする。

戦場では騒がしくせず、よく太鼓の音を聞き、②合図の旗が前を指せば前進し、後ろを指せば後退し、左を指せば左、右を指せば右に進む。命令を聞かず、勝手に行動する者は斬る。

隊伍《たいご》（五人小隊）のなかで③進まない兵があれば、伍長《ごちょう》（五人隊長）がこれを殺す。伍長のなかで進まない者があれば、什長《じゅうちょう》（十人隊長）がこれを殺す。什長のなかで進まない者があれば、都伯《とはく》（百人隊長）がこれを殺す。

曹操の軍令は、『孫子』に基づいていることが、よく分かる。孫武が女官を①太鼓（軍鼓）により、②前後左右に動かし、③命令に反する者を斬殺したことを曹操の「軍令」は踏襲している。

このように、曹操の兵書研究は、実際に軍隊を動かす際の「軍令」として生かされていた。曹操が三国一の兵法家と評価される理由である。

第六戦

蜀《しょく》攻略戦

（劉璋VS劉備　二一四年）

＜概要＞

赤壁後、荊州を拠点にできた劉備は、諸葛亮の「草廬対」に基づいて益州支配をめざした。劉備の益州侵入は、劉璋政権に不満を持つ張松や法正と呼応して行なわれていく。

1　草廬対

赤壁《せきへき》の戦いの後、曹操《そうそう》が関中《かんちゅう》に向かったことに対して、劉備《りゅうび》は荊州《けいしゅう》南部を拠点として、益州《えきしゅう》［現在の重慶《じゅうけい》を中心とする巴《は》、成都《せいと》を中心とする蜀《しょく》に二分されるが、蜀と総称することも多い］の獲得を目指した。それは、諸葛亮《しょかつりょう》に三顧の礼を尽くしたとき、劉備の諮問に諸葛亮が対《こた》えた「草廬対《そうろたい》」で示された基本戦略に従って行動していたためである。『三国志』諸葛亮伝に掲載される草廬対を掲げよう。

諸葛亮は対《こた》えて言った。「董卓《とうたく》（が起こした混乱）以来、豪傑が並び起こり、いくつもの州や郡を占拠した者は数えきれません。曹操は袁紹《えんしょう》に比べると、名望は小さく軍勢も少なかったのに、それでも曹操が結局袁紹を破り、弱者から強者になったのは、ただ天の時が味方したのではなく、人の謀《はかりごと》によります。いま、曹操はすでに百万の軍勢を擁し、天子を挟んで諸侯に命令をしており、これはともに鋒を争う相手ではありません。孫権《そんけん》は江東《こうとう》を拠点として、すでに（父の孫堅《そんけん》、兄の孫策《そんさく》と）三代を経ており、国は（長江《ちょうこう》の）険を持ち民はなつき、賢人も才能ある者も用いられておりますので、これはともに助け合うべきで滅ぼすものではありません。

荊州は、北は漢水《かんすい》・沔水《べんすい》が流れ、南海に達する利点を持ち、東は呉郡《ごぐん》・会稽郡《かいけいぐん》に、西は巴・蜀に通じる（交通の要所）ので、これは武力を用いるべき国なのですが、その主（劉表《りゅうひょう》）は守ることすらできません。これは天が将軍を助けようとしている証拠です。将軍は荊州を取る意志がございますか。

（また）益州は、堅固な要塞に守られた、豊かな平野が千里も広がる、天の倉庫とも言える地で、高祖《こうそ》（劉邦《りゅうほう》）はこれを基《もと》に帝業を完成しました。（しかし、益州を支配する）劉璋《りゅうしょう》は暗愚《あんぐ》で、張魯《ちょうろ》が北方に敵対し、民は盛んで国は豊かでありながら恩恵を加えないので、智能ある人士は名君を得たいと考えております。

将軍は帝室の後裔《こうえい》であるうえ、信義を天下に明らかにし、英雄を掌握して、賢人を渇望しておられます。もし荊州と益州をともに領有し、その要害を保ち、西方の異民族をなつけ、南方の異民族を慰撫《いぶ》して、外では孫権と（友好関係を）結び、内では整った政治を行ない、天下に変事が起こった際に、一人の上将に命じて荊州の軍を宛《えん》や洛陽《らくよう》［河南《かなん》省方面］に向かわせ、将軍は自ら益州の軍勢を率いて秦川《しんせん》［陝西《せんせい》省方面］に出撃すれば、民は弁当と水筒を持って将軍を歓迎することでしょう。まことにこのようになれば、覇業《はぎょう》は成就し、漢室は復興いたします」と（『三国志』巻三十五　諸葛亮伝）。

草廬対の「対」とは、本来、郷挙里選《きょうきょりせん》の制挙《せいきょ》［天から皇帝への戒《いまし》めである災異《さいい》が起こった際などに実施される臨時の官僚登用。常挙《じょうきょ》と呼ばれる定例の官僚登用が孝廉《こうれん》である］で行なわれる皇帝からの「策問《さくもん》」［諮問］への「対策《たいさく》」［解答］を意味する。したがって、劉備が諸葛亮に尋ねた①後漢《ごかん》末の情勢、②自らの敗退理由、③これからの基本戦略という三点に「対」して、草廬対は述べている。

①後漢末の混乱については、董卓以来豪傑が並び立ったことを挙げる。後の「出師《すいし》の表《ひょう》」には述べられる桓帝《かんてい》・霊帝《れいてい》の失政への批判は、ここには見えない。後漢がなお存在しているためであろう。

②劉備の敗退理由については、直接言及することを避け、曹操が袁紹に勝ったこと

を「人の謀《はかりごと》」による、と答える。すなわち、劉備集団に、「謀」を指し示す名士がいないため、敗れ続けている、と指摘したのである。これは、自らの「謀」を採用すべしとの主張にもなっている。

そして、③これからの基本戦略として、曹操は強く単独では当たれないので、孫権と結び、荊州と益州を支配して天下三分の形をつくる。そのうえで、荊州と益州からそれぞれ洛陽と長安《ちょうあん》を取れば、覇業は成り漢室は復興する、という「謀」を提案したのである。

この「謀」は、当時において、常識的な戦略であった。漢は、これまでに一度、王《おう》莽《もう》によって滅ぼされている。これを前漢《ぜんかん》という。光武帝劉秀《こうぶていりゅうしゅう》は、漢の復興を唱えて黄河《こうが》の北に拠点をつくり、洛陽と長安を取り、蜀の公孫述《こうそんじゅつ》を滅ぼし、天下を統一して漢を中興した。これが後漢である。これとは反対のルートになるが、華北《かほく》を曹操が掌握し、長江下流域に孫権がいる以上、残った荊州と益州を拠点として、洛陽と長安を取ろうとするのは、他に選択肢が思い浮かばないほど、当たり前の戦略であった。

また、草廬対は、よく「天下三分の計」と言われるが、三分は手段であって目的ではない。その証拠に、天下三分を実現した後にも、諸葛亮が曹魏《そうぎ》への北伐《ほくばつ》を止めることはなかった。天下三分を目的とした孫呉《そんご》の魯粛《ろしゅく》とは異なり、諸葛亮はあくまでも漢による中国統一を目指したのである。

これを儒教では、「聖漢《せいかん》の大一統《だいいっとう》」と呼ぶ。漢は単なる国家の名ではなく、孔子《こうし》がその存在を予言し、祝福して漢のために『春秋《しゅんじゅう》』を書き遺した「聖」なる国家であった。その漢が、「大一統［一統を大《とうと》ぶ］」、すなわち中国を統一することを尊重することは、漢の儒教の中心経典であった『春秋公羊伝《しゅんじゅうくようでん》』に記されている「春秋の義」であった。諸葛亮は、漢代の儒教が理想する「聖漢の大一統」を成し遂げるため、劉備のもとに出仕したのである。蜀という国をつくり、益州という地域に分立するために出仕したわけではない。

したがって、諸葛亮が劉備とともに建国した国家は漢、あるいは季漢《きかん》［季は末っ子という意味］が正式な名称である。蜀は、地域名である。陳寿《ちんじゅ》が、『三国志』で「漢［季漢］」の歴史を蜀書として描いたのは、曹魏の正統を継承する西晋の歴史家であるため、曹魏を正統とせざるを得なかったからである。陳寿は、蜀書の最後に楊戯《ようぎ》の

「季漢輔臣賛《きかんほしんさん》」という文章を引用して、「蜀」書としてまとめた国家の正式名称が季漢であったことを明示している。

諸葛亮が司馬徽《しばき》のもとで修めた荊州学《けいしゅうがく》は、漢代の儒学を集大成した鄭玄《じょうげん》の経学に反発するもので、『春秋左氏伝《しゅんじゅうさしでん》』をその中心経典とした。したがって、諸葛亮の軍事行動にも、『春秋左氏伝』を規範とするものが多い。それでも、『春秋公羊伝』の説く「聖漢」の「大一統」を目指す志において、諸葛亮は漢代的精神の忠実な継承者であった。やがて、草廬対は関羽《かんう》が荊州を奪われ、その遂行が難しくなる。それでも、諸葛亮は生涯、この戦略を貫き続けていくのである。

2 劉備の入蜀

劉備が赤壁の戦いの後、荊州南部の根拠地から益州を窺っていたころ、益州は乱れていた。諸葛亮が「草廬対」で分析したとおりである。

後漢末、宗室の劉焉《りゅうえん》は、「天子の気［天子が新たに即位する気配］」があると言われていた益州の州牧《しゅうぼく》となった。はじめ劉焉は個人の兵力を持たず、益州豪族の力を借りなければ、益州を混乱させていた馬相《ばそう》の乱を平定できないほどであった。しかし、益州豪族の力によって馬相の乱を平定すると、乱の参加者を許し、「東州兵《とうしゅうへい》［西州＝益州の兵ではなく、劉焉直属の兵という意味］」を編成した。青州《せいしゅう》黄巾を組織して、「青州兵」を組織した曹操と同様の行為である。

こうして軍事的基盤を構築した劉焉は、一転して益州豪族を抑圧し、支配を確立する。さらに、漢中《かんちゅう》に勢力を持つ五斗米道《ごとべいどう》の張魯と結ぶ一方で、朝廷には「米賊《べいぞく》」が道を塞《ふさ》いだと報告して、半ば独立した政権を益州に築きあげ、天子を気取っていたのである。

ところが、郭汜《かくし》との戦いの中で長子の劉範と弟の劉誕を失い、気を落とした劉焉は興平《こうへい》元（一九四）年に卒する。その後、支配者としての資質に乏しい第三子の劉璋が益州牧を継承すると、東州兵の武力により益州豪族を抑え込む、という劉焉・劉璋政権の構造に起因する東州兵と益州豪族との対立が爆発した。趙韙《ちょうい》の乱である。

劉璋は、性質が寛《ゆる》やかで柔らかく、威略がなかった。東州兵が旧《もと》から居住する益州豪族の権益を暴力で奪っても、禁ずることができず、その政令は多く欠け、益州（の人々）はとても怨んだ。……趙韙は民の怨みにより反乱を謀った。……東州兵は趙韙を畏れ、心を共にし力を併せ劉璋を助けた。みなとくに死を覚悟して戦って、ようやく反乱を平定した（『三国志』劉二牧伝注引『英雄記』）。

益州豪族の趙韙が反乱を起こした原因は、東州兵が益州豪族の権益を暴力で奪い取ったことにある。曹操に敗れた袁紹・劉表と同様に、劉璋の支配は寛治《かんち》であった。そのため、自己の基盤である東州兵の横暴を防ぐことができなかったのである。こののち益州の統治に際して諸葛亮が、恩赦《おんしゃ》を減らし、蜀科《しょくか》［法令］に基づく猛政を展開する背景である。

趙韙の乱により、劉璋政権は崩壊寸前まで追い込まれた。それでも、東州兵の死を覚悟した戦いによって乱は平定された。しかし、益州豪族の反発を受ける政権の求心力は大きく低下した。

さらに、張魯も劉璋が「闇懦《あんじゅ》［おろかで弱い］」なことを理由に従わず、劉焉には従っていた巴夷《はい》［巴に居住する異民族］を劉璋から背《そむ》かせた。これに対して、劉璋が成都にいた張魯の母と弟を殺すと、両者は敵対するに至る。劉璋は、龐羲《ほうぎ》に命じて張魯を攻撃させたが、逆に巴郡《はぐん》を奪われた。劉璋政権は、張魯の脅威にも晒《さら》されていたのである。

3　蜀攻略戦

劉備の入蜀は、劉璋政権に不満を持つ、益州豪族の張松《ちようしよう》と司隷扶風《しれいふふう》の名士法正《ほうせい》の画策に呼応して行なわれた。劉璋の要請により張魯を討つことが、劉備の入蜀の名目とされたのである。このため劉璋は、自分のために張魯を討伐してくれる劉備に会盟《かいめい》［君主が同盟を結ぶために会合すること］にやって来た。

劉備の軍師である龐統《ほうとう》は、その席で劉璋を暗殺することを勧める。さすがに劉備は、これには従わなかった。やがて、張魯討伐のため、援軍を要請した劉備に、劉璋が誠意を見せず、老兵だけを送ると、龐統はすかさず三策を献じた。すぐに成都へ攻め込む上計、涪水関《ふうすいかん》を取る中計、荊州に戻ってやり直す下計である。

劉備は中計を選択して、涪水関を攻め、劉璋側の将である楊懐《ようかい》・高沛《こうはい》を討ち取った。涪県《ふうけん》で宴《うたげ》を開いた劉備は、「今宵《こよい》は実に楽しい」と戦勝を満足げに語った。龐統は、「他国を征伐して喜ぶことは、仁者の戦いではありません」と批判して劉備の慢心を諫《いさ》める。劉備は酔っていたので、「周《しゅう》の武王《ぶおう》が殷《いん》を征伐したのも、仁者の戦いではないと言うのか」と怒ると、龐統は宴の座から退いた。

後悔した劉備は、龐統を座に戻し、「この議論はどちらが間違いか」と尋ねた。龐統が、「君臣ともに間違っておりました」と言うと、劉備は大いに笑い、もとのように宴を続けた、という。諸葛亮と同様に、龐統も儒教に基づく国家の建設を抱負としている。劉備もそれを理解して、諫言《かんげん》を受け入れたのであろう。

三策を献ずる龐統

こうして君臣が理解を深めあいながら、さらに成都に向かって進撃した。これに対して、劉璋の軍事的基盤である東州兵は、苛烈《かれつ》に抵抗する。その結果、龐統は、雒《らく》城《じょう》の攻撃中に矢にあたり陣没する。

急報を受けた諸葛亮は、荊州の守備に関羽を残し、張飛《ちょうひ》に別軍を率いさせて巴郡に向かわせ、自らは趙雲《ちょううん》とともにその北方から進んで、二方面より劉備の救出に向かった。

張飛は、江州《こうしゅう》に到着すると、巴郡太守の厳顔《げんがん》を撃破して、生け捕りにした。その際に張飛は、降服しても死を恐れずに、「わが州には首をはねられる将軍はいても、降服する将軍はいない」と言って、顔色一つ変えずに斬られようとする厳顔を高く評価して、賓客《ひんきゃく》とした。これを機に、劉璋側の諸将から降服が相次ぎ、張飛はさほどの抵抗を受けることなく進撃することができた。張飛・諸葛亮と合流した劉備は、成都を陥落させ、益州を支配したのである。

4　法正の寵用

劉備の入蜀に最も抵抗したものは、劉璋政権の軍事的基盤である東州兵であった。かれらは、綿竹《めんちく》・葭萌《かぼう》などで激しく劉備軍と抗戦し、益州の平定に二年余の歳月をかけさせた。そのほか、寒門《かんもん》［豪族のような社会的勢力を持たない階層］出身の張任《ちようじん》も徹底的に劉備に抵抗し、殺害されている。

これに対して、劉備を蜀に迎えることに反対し、最後まで劉備に抵抗した黄権《こうけん》や、劉備を虎と評し張飛を罵倒《ばとう》した厳顔は許され、共に劉備政権に仕えた。黄権は益州名士、厳顔は益州豪族であり、益州において名声や経済力を持つものである。荊州から何の正当性もなく、武力で益州を奪い取った劉備は、こうした益州社会に影響力を持つ人々を一人でも多く政権に取り込む必要があった。それでも劉備は、蜀郡太守《しよくぐんたいしゅ》でありながら真っ先に逃亡した許靖《きよせい》を任用することだけはしなかった。

建安十九（二一四）年、（劉備は）進軍して成都を包囲した。劉璋の蜀郡太守である許靖は、城壁を越えて降服しようとしたが、発覚して失敗した。……先主

［劉備］は、このため許靖を卑しみ、用いることはなかった。法正は、「天下には虚名を得ながらもその実態の無い者がおります。許靖がこれです。しかしいま主《しゅ》公《こう》は大業を始められたばかりです。天下の人に戸ごとに（許靖の虚名を）説明することはできません。許靖の実のない名声は（すでに実あるものとして）、天下に知れ渡っております。もし礼遇しなければ、天下の人はこれにより、『主公は賢人を賤しむ』と思うことでしょう。どうか（許靖を）敬い重んじ、それによって遠きも近きも眩《くら》まし、むかし燕王《えんおう》が郭隗《かくかい》を待遇し（て人材が集まっ）た（隗より始めよの）故事を追うべきです」と説いた。先主はそこで厚く許靖を待遇した（『三国志』法正伝）。

劉璋の使者として劉備に赴き、龐統の死後は代わって軍師の役割を果たした法正は、実態がなく虚名であっても、天下に名声のある許靖を尊重して、与論を納得させるべきであると主張した。劉備は、これに従い、許靖を高位に就けた。

劉備は、旧劉璋政権構成員に対して、なるべく多くの名士を政権に参加させることに務めた。名士や豪族が社会に持つ影響力を尊重したのである。益州名士や豪族は、東州兵の横暴により、劉璋政権に失望していた。

それが、さしたる正当性を持たない劉備の益州支配を受け入れる主因となった。かれらは、政権への参与により、郷里における社会的勢力を保持できることを願っていた。劉備政権は、それに応えることで支配を安定化させたのである。

このように法正は、益州平定に大きな功績をあげた。さらに劉備は、法正を寵用することで、諸葛亮に対抗させていく。「君臣水魚《くんしんすいぎょ》の交わり」という言葉からは、諸葛亮が初めから劉備集団の最高位に迎えられた印象を受ける。

しかし、入蜀後も実権はともかく、朝廷での班位《はんい》（席次）は麋竺《びじく》の下であり、名実ともに諸葛亮が最高位に就くのは、法正の死後であった。法正は、「入蜀後、内外の実権を掌握した」と『三国志』法正伝に記されるほど劉備に寵用され、それを背景に自分が恨みを抱いていた者を法律を無視して殺害するなど、恣意的《しいてき》に権力を行使した。こうした法正の横暴に対する苦情が寄せられても、諸葛亮は、劉備が法正を寵愛・信任していることを知っていたので、法正を抑えることができなかった。

入蜀後、最初の軍事行動となる漢中の平定も、随行して軍師となって策を立てた者は、諸葛亮ではなく法正であり、劉備が漢中王《かんちゅうおう》となることを進言した者も法正である。法正は、孟達《もうたつ》など出身地を同じくする人的勢力基盤を政権内に持ち、しかも諸葛亮が「奇」と認めるほどの智術を持つ。劉備が漢中王となったとき、法正が就いていた尚書令《しょうしょれい》［内閣官房長官］は、諸葛亮の軍師将軍《ぐんししょうぐん》よりも、正当に権力を振るうことができる官職である。

劉備は三顧の礼により、名士の尊重を自分の方針とした。名士諸葛亮を尊重する気持ちに変わりはない。しかし、諸葛亮が、劉備の嫌う劉巴《りゅうは》を要職に就けようとするなど、名士の価値観に基づく人事を進めることに対し、その勢力伸長を警戒していた。しかも、名士は一枚岩の団結を持つわけではなく、諸葛亮と法正とでは、属する名士グループが異なっていた。加えて、諸葛亮は法正と個人的な関係もよくなかったので、劉備は、龐統の死去を機に法正を寵用して、諸葛亮に対抗させたのである。

これに対して、諸葛亮は自らの名声の「郷里」である荊州名士を登用することでこれに対抗する。名士は名声を得た場を「郷里」とする。諸葛亮は徐州《じょしゅう》の生まれであるが、荊州襄陽《じょうよう》で「臥龍」という名声を得た「荊州」名士である。『華陽国志《かようこくし》』を著した東晉《とうしん》の常璩《じょうきょ》が、「劉備が蜀に入ると荊州の人が尊ばれた」と指摘しているように、蜀漢では政治の中枢である尚書《しょうしょ》系統を中心に、重要な官職を荊州名士が独占していた。幽州《ゆうしゅう》出身の劉備が益州に建国しながら、荊州出身者が優越しているのは、諸葛亮が自分の政治基盤として荊州名士を優遇したためなのである。

たとえば、後に諸葛亮の後継者となる蔣琬《しょうえん》は、荊州から劉備に従って蜀に入ったが、広都県長《こうとけんちょう》に任命されただけであった。蔣琬は、県令の仕事を馬鹿にして、酒ばかり飲んで政務を顧みなかったので、劉備は怒って処罰しようとした。諸葛亮がそれを「蔣琬は国家を背負う大器です。百里（四方の県）を治める器ではありません」と弁護したので、免官だけで許された。そののち蔣琬は、什邡県令《じゅうほうけんれい》を経て、尚書郎《しょうしょろう》となるが、劉備からは重用されなかった。

劉禅《りゅうぜん》が即位し、諸葛亮が丞相府《じょうしょうふ》を開き、すべての政務を丞相府で行なうようになると、蔣琬は召されて東曹掾《とうそうえん》となり人事を担当した。さらに、北伐を始めた諸葛亮が漢中に駐留すると、成都に残って丞相府の留守を預かり、兵糧と軍兵を補充する後方支援を担当した。亮は蔣琬を信任して、「蔣琬は忠義公正で、王業を支える人物である」と評価し、また、劉禅に秘密の上奏をして、「臣《わたし》にもし不幸があれば、後の事は蔣琬におまかせください」と告げていた。このように、荊州名士の蔣琬は、諸葛亮の抜擢によって、その後継者となったのである。

もちろん、劉備が崩御した後には、諸葛亮は、益州名士を蜀漢名士社会に参入させることにより、益州名士の抜擢も開始する。その結果、「益州は諸葛亮がその時代の役に立つ人物の才幹をすべて出し切ったことに敬服した」と伝えられるような高い評価を受け、益州名士の張裔《ちようえい》に公平な政治を称えられるほど、益州支配に成功する。

しかし、劉備が法正の寵用によって、諸葛亮を牽制《けんせい》しようとし、諸葛亮もそれに対抗したことは、劉備崩御の際の遺言にも現われている。成都より白帝《はくてい》城に駆けつけた諸葛亮は、劉備から「もし劉禅に才能が無ければ、代わって君主になってほしい」と遺言を受ける。『三国志』を著した陳寿は、これを「君臣の至公」と称賛している。君臣の信頼関係が、劉禅に代わって即位せよと言わせたとするのである。

これに対して、明《みん》末の王夫之《おうふうし》「王船山《せんざん》」は、これを君主が出してはいけない「乱命」と理解する。劉禅に才能がない場合、諸葛亮は即位しなければ命令違反となるためである。王夫之は「劉備は関羽に対するような信頼を諸葛亮には抱いていない」と言う。そのとおりであろう。関羽・張飛はすでに亡く、法正は病没し、挙兵以来の兵は夷陵《いりょう》の戦いに壊滅した。このときの劉備には、諸葛亮の即位に釘を刺す遺言を残すしか残っていなかった。これに対して、諸葛亮の勢力は万全であった。自分の基盤である劉巴《りゅうは》・李厳《りげん》ら荊州名士を次々と要職に就け、なかでも、劉備の嫌いな劉巴を、法正の後任として尚書令に就けたことは、劉備と諸葛亮との人事権をめぐるせめぎあいで、亮が勝利を収めたことを象徴する。

荊州を根拠に益州を得たことにより、政権は巨大化し、多くの人材が劉備のもとに集まっていた。かつて襄陽で三顧の礼を尽くして諸葛亮を迎えたときのように、劉備に策を説く者が諸葛亮と徐庶《じょしょ》しかいない、という状況とは大きく異なる。

劉備が、諸葛亮も驚くような奇策を軍事面に持つ法正を寵用することで、諸葛亮のみを尊重し、上に頂く体制から、自らの専制権力を確立しようとする動きを見せたことは、権力を持つ者の性《さが》とも言えよう。

第七戦

合《ごう》肥《ひ》の戦い

（曹操VS孫権　二一五年）

＜概要＞

孫権と曹操は、赤壁の再戦として濡須口と合肥でしばしば戦った。孫権の将軍・呂蒙、曹操の将軍・張遼などの活躍が見られたが、長江をはさんで戦いは一進一退であった。

1　呉下の阿蒙

赤壁《せきへき》の戦いの立役者である周瑜《しゅうゆ》と魯粛《ろしゅく》は、早世《そうせい》した。周瑜は、建安《けんあん》十五（二一〇）年、魯粛は、建安二十二（二一七）年に卒している。かれらは、赤壁の戦い（二〇八）年から十年足らずしか生きることができなかった。歴史に「たら」「れば」は不毛であるが、かれらがもう少し長命であれば、三国のあり方はかなり変わっていた。

二人の死後、呉《ご》を支えた者が呂蒙《りょもう》である。実は呂蒙も、建安二十四（二一九）年に卒しているので、呉の主要臣下の寿命の短さには同情を禁じ得ない。それでも呂蒙は、魯粛が病を得て呉の軍権を掌握した後、曹操《そうそう》を撃退して揚州《ようしゅう》を守り、関羽《かんう》を殺害して荊州《けいしゅう》を奪う功績を挙げた。しかも、呂蒙は周瑜・魯粛とは異なり、貧しい家から独力でのし上がった努力の人であった。

呂蒙は、十五・六歳のころ、親族の鄧当《とうとう》の軍についていき、母親にたいそう怒られた。すると、「いまは貧しい境遇にあっても、運良く手柄を立てれば、出世することができます。それに虎の穴を探さなければ、虎の子を得ることはできません」と答えたという。やがて呂蒙は孫策《そんさく》の目にとまり、鄧当が死去すると、張昭《ちょうしょう》の推薦もあり、その任務を引き継いで別部司馬《べつぶしば》に任命された。孫権《そんけん》もまた、呂蒙の才能を認め、呂蒙が率いる兵は次第に増えていった。

ところが、若いころから前線で戦った呂蒙には学問がない。あるとき孫権は、「将軍というものは、広く学問を修め、世の中のことや兵法にも通じていなければならない」と諭した。儒将《じゅしょう》になれと言うのである。ただ武力に秀《ひい》でるだけでは、部隊長は務められても、方面軍司令官になり、国家の主力軍を率いることはできない。孫権が呂蒙にかける期待の大きさが分かる。呂蒙は孫権の思いを受け止めた。これ以降、奮起して猛勉強を開始する。

かつて孫呉《そんご》の主力軍は、周瑜が率いていた。その死後は、周瑜の遺言もあり、魯粛が引き継いだ。魯粛は、呂蒙のことを勇猛なだけの武将と軽く見ていた。ところが、あるとき呂蒙と話をして、その成長ぶりに驚き、「君はもう、呉下《ごか》の阿蒙《あもう》［呉の蒙ちゃん］ではないね」と言った。呂蒙は、「男子たるもの三日会わなければ、刮目《かつもく》して［新しい目で］見直すべきです」と答えた、という。刮目［目をこすってよく見ること］という故事成語の由来である。こうして呂蒙は、魯粛の評価を受け、名士となった。

魯粛は「天下三分の計」に基づいて、劉備との同盟を外交の基本路線としていた。これに対して、呂蒙は、関羽を打倒して荊州を奪回すべきであると考えていた。魯粛が呂蒙を見直したのは、関羽への備えを理路整然《りろせいぜん》と説いたためである。やがて、魯粛が病死すると、呂蒙は代わって孫呉の主力軍を率いることになった。関羽より先に戦ったものは、赤壁の報復を目指す曹操であった。その戦いについては、**2**以降で述べることにして、ここでは、その後の関羽との戦いを見ておこう。

劉備が漢中《かんちゅう》に進出すると、関羽はそれに呼応して曹操を攻めるため、樊城《はんじょう》の曹仁《そうじん》を攻めていた。むろん、関羽は呂蒙を警戒して、曹操を攻めながらも、呉への守りを固めている。呂蒙は孫権に、「関羽はわたしを警戒して、曹操との戦いをためらっています。わたしが病気を理由に前線を退けば、ほとんどの兵を北に向けるでしょう。そのときが荊州を取り戻す絶好の機会です」と進言し、それを実行する。

呂蒙に代わって陸遜《りくそん》が荊州の責任者になると、陸遜はへりくだった態度で関羽を油断させる。関羽は、呉に備えていた兵を北にまわして、曹仁に総攻撃をかけた。呂蒙は、その隙をついて荊州を占領し、兵士たちに略奪を禁じ、荊州の人々を慰撫《いぶ》した。

挟み撃ちに驚いた関羽は引き返すが、家族の無事を知った兵士たちは、関羽の軍から逃亡していく。進退窮《きわ》まった関羽が麦城《ばくじょう》に逃げ込むと、潘璋《はんしょう》が関羽を待ち伏せて降服させた。関羽は斬られ、その首は曹操に贈られる。

呂蒙は、荊州を平定した功績により、南郡太守《なんぐんたいしゅ》となり、孱陵侯《せんりょうこう》に封建されたが、まもなく病死する。孫権は、呂蒙の病気を治そうとあらゆる手段を尽くした。呂蒙に気をつかわせないように、壁に穴をあけて、容態を見舞ったほどである。呂蒙を失った孫権の哀しみは深く、しばらくは食事も取らなかったという。呂蒙の家には、それまでに与えられた褒美の品が大切に保管してあり、「自分の死後はすべてお返しするように」と遺言してあった。

このように呂蒙は、周瑜・魯粛と並ぶ呉の名将であるにもかかわらず、『演義』では扱いが非常に悪い。それは、『演義』が普及した明清《みんしん》時代に神として信仰されていた関羽を殺害したためである。その早すぎる死とともに同情を禁じ得ない。

2　赤壁の再戦

赤壁の戦いの後、曹操は関中に馬超《ばちょう》と韓遂《かんすい》を撃破し、自らの権威を再建したが、呉に対する圧力を弱めたわけではない。

建安十八（二一三）年、曹操が呉の拠点である濡須口《じゆしゆこう》に攻撃を加えた。第一次濡須口の戦いである。濡須口は、九江郡《きゆうこう》合肥《ごうひ》にある巣湖《そうこ》の南岸に位置している。巣湖の北岸に曹操の拠点である合肥城があり、赤壁の再戦は、巣湖の南北にある濡須口と合肥の取り合いとして行なわれた。

建安十七（二一二）年十月、前年の潼関《どうかん》の戦いで馬超と韓遂を破った曹操は、遠征軍を率いて南下を開始し、建安十八（二一三）年正月、濡須口に夜襲をかけた。孫権も自ら軍を率いて防衛にあたったが、董襲《とうしゆう》の船が夜間の突風で転覆し、董襲は死亡した。徐盛《じよせい》の船も強風に流され、敵中に孤立した。徐盛は曹操軍に突撃することで活路を開き、逃れることができた。曹操は、中州に上陸したが、呂蒙があらかじめ築いていた土塁が功を奏し、川を下って軍を進められず、一月余り対峙したのち撤退した。曹操は、孫権の布陣に少しの乱れも無いことに感嘆し、「息子を持つなら、孫権のような者がいい」と周囲に語ったという。

建安二十（二一五）年、今度は孫権が、曹操の漢中遠征の隙をついて、十万の兵で合肥を攻撃する。これが、合肥の戦いである。これは3で述べることにしよう。

建安二十一（二一六）年、曹操は再び濡須口を攻撃する。第二次濡須口の戦いである。第一次濡須口の戦いの失敗に鑑《かんが》みて、曹操は、四十万人と称する大軍と万全な態勢で攻め寄せてきた。

これに対して、甘寧《かんねい》は、配下の勇猛な兵士から決死隊百余人を選抜して、曹操の本陣に夜襲をかける。甘寧が曹操の陣営を大混乱に陥れると、孫権は大喜びで、「曹操には張遼《ちょうりょう》がいるが、わたしにも甘寧がいる」と溜飲《りゅういん》をさげた。このとき甘寧は、戦いの前に兵士たちを叱咤激励《しったげきれい》し、一人一人に酌《しゃく》をして回った。また、普段から有能な人物を尊重し、兵士たちを可愛がったので、みな甘寧のために喜んで戦ったという。

指揮官の呂蒙は、保塁の上に強力な弩兵一万を配備していた。そして、曹操軍の先鋒部隊が陣営を築き終える前に、それを撃ち破った。その結果、この戦いでも曹操は、濡須口を抜くことができず、夏侯惇《かこうとん》を二十六軍の都督として居巣《きょそう》に留め、帰還した。呂蒙は、呉を守り抜いたのである。

3　合肥の戦い

第一次・第二次の濡須口の戦いが、曹操から孫権を攻めた戦いであることに対して、合肥の戦いは、第一次・第二次の間に行なわれた、孫権から曹操を攻めた戦いである。

建安二十（二一五）年、曹操が漢中に出征すると、孫権は十万の兵で合肥を攻撃した。合肥の守兵は、わずか七千に過ぎなかった。しかし、曹操は、孫権の行動を予想して、あらかじめ「軍令」を与えていた。

護軍《ごぐん》［軍目付］の薛悌《せってい》に、「敵が来たら開けよ」と渡された小箱に「軍令」はおさめられていた。開封すると、「孫権が攻めてきたら、張遼と李典《りてん》は出撃せよ。楽進《がくしん》は残って城を守れ。薛悌は戦ってはならぬ」と記されていた。諸将がためらうなか、張遼は、勇士八百人を募ると、陣頭に立って孫権の陣営に攻め込んだ。予想もしていなかった反撃に仰天した孫権は大敗し、戦いの全体を俯瞰《ふかん》するために、小高い丘に撤退する。

　張遼の率いる兵は、千人にも満たない。高所より戦いを俯瞰した孫権は、思いのほか張遼軍が少数であることに気づく。そして、兵を集結させると、張遼を幾重にも取り囲んだ。

　包囲された張遼は、右に左にと押し寄せる敵を追い払ったが、まだ囲まれている兵士がいる。張遼は、再び包囲網を突き破り、残りの兵士を救い出して引き上げると、合肥城の守備を固めた。張遼が兵を見捨てなかったことで、人々の心は落ち着き、孫権が十日間余り取り囲んでも、城は陥落しなかった。

　孫権があきらめて退却する。その帰途を張遼は狙っていた。張遼は孫権を逍遥津《しょうようしん》

逍遥津の張遼像

に急襲する。逍遥津は、川の渡し場である。川の途中まで渡った敵軍を攻撃することは、兵法の基本として『孫子《そんし》』にも記される極めて有利な戦い方である。張遼は、押し合いへし合いする孫権軍に突入して、片っ端から斬りまくり、孫権の将軍旗を奪った。孫権も危うかったが、甘寧・呂蒙の奮戦と、凌統《りょうとう》の決死の突入によって、孫権はようやく逃れることができた。しかし、凌統の部下はみな討ち死にし、凌統自身も深手を負う大敗であった。

合肥の戦い以後、孫権は張遼を恐れ、諸将に、「張遼とは戦うな」と念を押した。孫権の抱いた恐怖心は、『演義』では、「遼来《りょうらい》、遼来《りょうらい》（張遼が来た）」と言うと、呉では恐くて子どもが泣き止んだ、と表現されている。その起源は、『太平御覧《たいへいぎょらん》』人事部七十五に引用する『魏書《ぎしょ》』の「江東《こうとう》の子どもが泣くと、これを恐れさせるため、『張遼が来た、張遼が来た』と言った。（そう言って泣き）止まないことはなかった「江東小児啼、恐之曰、遼来、遼来。無不止矣」」であるが、直接的には童蒙書である『蒙求《もうぎゅう》』の記述を典拠としよう。ちなみに、吉川英治《よしかわえいじ》の『三国志』では、「遼来、遼来」が「遼来来」になっているが、これだと「張遼ちゃん、おいでおいで」となってしまい、子どもは大泣きである。

4　曹操の部下教育

張遼が曹操抜きでも強かった理由は、曹操が自らの兵学研究の結果を軍の幹部に持たせ、統一的な作戦行動を取らせていたことにある。それが『兵書接要《へいしょせつよう》』である。『兵書接要』は、『魏書』によれば、曹操が諸家の兵法書から抜き書きに解説を加えたもので、諸将はこれを参照しながら、作戦に従事したという。

また、曹操は、重要な任務を任せる際に、自ら策を授け、指示内容を「軍令」として書き与えた。合肥の戦いの時に、護軍の薛悌が受け取っていたものである。張遼たちは、「軍令」に従うことで、戦史にのこる大勝を挙げた。

曹丕《そうひ》は、烏桓討伐に出征する弟の曹彰《そうしょう》に注意を与え、「指揮官が軍令を遵守することは、征南《せいなん》将軍（曹仁）のようでなければならぬ」と言っている。曹仁は、曹操の軍令を常に手元におき、いちいち確認したので、失敗することがなかったのである。曹操軍が、曹操無しでも強力であった理由は、それぞれの将軍が『兵書接要』を持ち歩いて学び、さらには曹操の軍令に忠実に従った結果であると言えよう。

それでは、曹操の兵学研究の成果が体系的に残されている曹操の注に従いながら、かれらが学んだ『孫子』の内容を概観しよう。

春秋時代の孫武《そんぶ》が著した兵法書の『孫子』は、十三篇より成る。それらの中で、冒頭の計《けい》篇は、『孫子』の総論にあたり、孫武の戦争観が端的に示されている。

①**戦争は国家の重大事である**。人間の生死、国家の存亡の分かれ目なので、（上に立つ者は）これを深く認識しなければならない。そこで、②**五事**について考慮し、③**七計**について比較することによって、彼我の実情を捉えるように努めるべきである。

戦争は、人間の生死、国家の存亡に直結する①国家の最重要事なのである。敗北は、そのまま国家の滅亡に直結する。可能であるならば、戦わないことが最善である。『孫子』謀攻《ぼうこう》篇には、「百回戦って百回勝つことは、最も良い方法ではない。戦わずに敵の軍隊を屈伏させることこそ、最善の方法である」とある。

たとえ、勝利をおさめたとしても、国家の疲弊や軍事力の減退をまねけば、その時の敵国以外の国に敗北する可能性が生じる。だからこそ、戦うときには、最少の被害で、そして何よりも必ず勝たなければならない。そのために行なうべきことは、自国と相手国の実情の比較である。その基準である②五事について、『孫子』計篇は、続けて、次のように説明する。


（五事とは）第一に道、第二に天、第三に地、第四に将、第五に法をいう。道とは、上に立つ者と民との心を一つにさせることである。そうすれば、生死を共にしようという気持ちになって、民は危険を感じることがない。

天とは、陰陽《いんよう》や寒暑の具合など、（戦争に都合の）よい時期を選ぶことである。

地とは、戦場が遠いか近いか、険しいか平坦か、広いか狭いか、高いか低いかなど、地勢に関することである。将とは、智［頭が切れるか］、信［偽りがないか］、仁［情け深いか］、勇［勇気があるか］、厳［威厳があるか］といった将軍の人物のことである。法とは、部隊の編制、軍官の統率と糧道《りょうどう》の確保、経理の運用などのことである。

以上の五者（が重要であること）は、将であれば誰でも聞いたことがない者はいないはずであるが、それをよく理解している者は勝ち、よく理解できない者は勝てないのである。


第一の道に関して、曹操は、民が危険を感じる原因は疑惑である、と注をつけている。民に正確な情報を与え、疑惑を起こさせなければ、民は君主と生死を共にしようと考える、と言うのである。諸葛亮は、第一次北伐の街亭《がいてい》の戦いで敗れた際、馬謖《ばしょく》を斬り、自らを罰し、敗戦の責任を蜀漢《しょくかん》の民に明らかにした。

そのため、困難な北伐を継続することに非難の声があがらなかったのである。同じく曹魏《そうぎ》への北伐に敗れた孫呉の諸葛恪《しょかつかく》は、叔父の亮とは異なり、敗戦の後に専制の度合いを深めた。このため、民から怨嗟《えんさ》の声があがり、孫峻《そんしゅん》によって打倒されたのである。

曹操は、第二の天に関しては、冬や夏に戦争を起こさず、民を愛するべきだという『司馬法《しばほう》』の文章を引用する。これに対して、宋《そう》の張預《ちょうよ》は、曹操は冬に呉を攻めて大敗した、と注をつけている。確かに、赤壁の戦いは、冬の戦いである。痛いところを衝かれている。

ちなみに曹操は、火攻《かこう》篇の注で、水攻めと火攻めを比較して、「水攻めでは敵の糧道を絶《た》ち、敵軍を分断することはできるが、蓄えた食糧を奪うことはできない」と述べて、火攻めの有効性を述べている。理論と実際の違いと言うよりは、曹操が孫権との間に戦争を予定していなかったことが分かる記述である。曹操ほどの名将であっても、油断があれば、『孫子』の五事に反した戦いを余儀なくされ、自らその威力を知り尽くしている火攻めに敗れることもある。

第三の地に関して、曹操は、この議論がのちの九地《きゅうち》篇で詳細に述べられるとし、第四の将に関しては、智・信・仁・勇・厳の五つを「五徳《ごとく》」と呼び、将となるべき者が備えなければならない資質である、と説明する。

第五の法について、曹操は、部隊の編制とは、軍隊の組織を整えることだけでなく、軍隊を動かす旗や幟《のぼり》、軍鼓《ぐんこ》と金鉦《きんしょう》の合図を制度化することであるという。また、軍官の統率とは、それぞれの官職の役割を明確にすることであり、経理の運用とは、軍隊を動かすための費用を掌握することである、と注をつけている。内政においても、法刑を尊重した曹操らしく、法や制度については、詳細な考えを『孫子』の注の中でも述べているのである。

『孫子』は、彼我の戦力を分析するための五つの基準を明らかにした後に、七計というさらなる具体的な七項目の比較により、実情を調べ尽くさなければ必ず勝つことはできないとしている。計篇には、続けて、次のように論じられる。

（七計とは）①君主はどちらが民の心を捉えているか、②将はどちらが能力を持っているか、③時期や地勢はどちらが有利か、④軍法はどちらがきちんと行なわれているか、⑤兵力はどちらが強いか、⑥士卒はどちらがよく訓練されているか、⑦賞罰はどちらが厳正か。この七項目により、勝敗が分かる。

「七計」とするため七項目に増えてはいるが、①〜④は五事の内容を具体化したものであり、⑥・⑦も五事のうちの「法」に含まれ、その結果⑤がもたらされると考えられる。したがって、『孫子』における「五事」と「七計」とは、原則と具体論の関係と言えよう。

『孫子』によれば、「五事」と「七計」を基準として、彼我の戦力分析を行ない、勝利の目算と作戦計画を立てる。これを「廟算《びようさん》」という。孫武の生きた春秋時代、戦争前の御前会議は、王の祖先の御霊《みたま》を祀《まつ》る廟堂《びようどう》で行なわれたためである。廟算を的確に行なうためには、情報の収集・分析が必要不可欠となる。そこで、重視されるものが、間諜《かんちよう》（スパイ）である。『孫子』は、用間《ようかん》篇で、間諜の必要性と役割を詳細に論じている。その結果として、「彼《かれ》を知り己《おのれ》を知れば、百戦して殆《あやう》からず」（『孫子』謀攻篇）という有名な言葉が生まれるのである。

戦争は避けるべきである。避けられないのであれば、必勝を期すため、徹底的な情報収集に基づく彼我の敵情分析により合理的な廟算を行なう。これが『孫子』の戦争観の基本である。曹操の注はそれをよく解釈している。

これに加えて『孫子』のもう一つ重要な戦争観は、戦争の基本的な性格を詭道《きどう》［偽り］と捉えることである。『孫子』計篇は、続けて、次のように述べている。

戦争は、相手の裏をかくことを本質とする。そのため、有能であれば無能であるかのように見せかけ、役に立てば役に立たぬように見せかけ、近づくときには遠ざかるように見せかけ、遠ざかるときには近づくように見せかけ、相手が有利であれば誘い出し、相手が乱れていればつけ込んで奪い取り、充実していれば守備を固め、強力であれば避け、憤激していればいなし、控えめであればつけあがらせ、楽をしていれば疲れさせ、親密であれば離間し、相手の備えの無いところを攻め、意表に出るようにする。このようなわけで、兵家はどのようにして勝つか、人に予告することはできないのである。

戦争とは騙《だま》しあいであるという、このリアリティーが、今もなお『孫子』をベストセラーにしているのであろう。敵に勝つためには、真っ当なやりかた（正道）だけではだめで、敵を欺《あざむ》くための詭道を用いなければならない。

曹操は、最後の文章に注をつけて、「戦争に常にこうであるという戦い方が無いことは、水に定まった形が無いのと同じである。敵に対峙して臨機応変に対処する方法は、あらかじめ伝えることはできない」と述べている。敵と実際に戦ってみるまでは、戦略を伝えることもできない。曹操の注の力強さの理由もここにある。

曹操の『孫子』解釈が、それ以外の注よりも説得力を持つのは、曹操が実際に戦った際の臨機応変の経験を踏まえて書かれているからである。しかも、曹操は『兵書接要』により、それを配下の武将にも共有させようとした。陳寿《ちんじゅ》が、「臨機応変の将軍としての策略は、あまり得意としなかったのではないか」と評する諸葛亮が、国力の劣る蜀漢軍を率いて曹魏への北伐を繰り返しても、これを破ることができなかったのは、曹操の部下教育の賜物《たまもの》なのである。

第八戦

漢《かん》中《ちゅう》の戦い

（曹操VS劉備　二一九年）

＜概要＞

劉備が入蜀した後、益州の要衝である漢中を狙うと、曹操も同じく進出した。漢中を支配していた五斗米道の教祖・張魯は曹操に降服、劉備は曹操と交戦することになる。

1　漢への思い

こうして赤壁《せきへき》の敗戦による混乱を収束させ、呉《ご》との再戦を終えた曹操《そうそう》は、大局的な戦略を練《ね》り直す。具体的には、天下を統一して、その功績によって漢《かん》から魏《ぎ》へと革命を行なう、というこれまでの方針を転換して、天下の統一よりも先に、君主権力の強化と後漢《ごかん》に代わる曹魏《そうぎ》の建国、すなわち漢魏革命《かんぎかくめい》を優先しようとしたのである。呉を滅ぼすために必要不可欠な水軍を養成するには長い時間を必要とする。しかも、劉備《りゅうび》の存在と呉との同盟関係は、両者を滅ぼすことを困難にしていたからである。

しかし、中国を統一するという功績を挙げずに、儒教《じゅきょう》が正統化している漢を滅ぼすことには、大きな困難が予想された。荀彧《じゅんいく》ら名士の価値基準の根底には、漢を守ろうとする儒教が置かれていたからである。したがって、この後、曹操と荀彧との関係は、急速に悪化する。具体的には、董昭《とうしょう》から曹操を魏公《ぎこう》に推薦する相談を受けた荀彧が、儒教理念を掲げてこれを非難してから、両者の対立は決定的となっていく。そして、荀彧は死に追いやられるのである。

荀彧は、寛治の袁紹《えんしょう》を見限って仕え直したように、猛政を推進し、青州《せいしゅう》兵を編成し、屯田制を施行する曹操の先進性を高く評価していた。自らもまた、曹操の勢力拡大に積極的に取り組んだ。官渡《かんと》の戦いは、荀彧の情報収集とその分析が大きな勝因となっていた。しかし、漢への対応は、明確に分かれた。荀彧は、儒教が正統視する聖漢に殉死《じゅんし》するのである。ただし、それまでの荀彧の行動は単純ではない。

荀彧は、曹操から「子房《しぼう》〔張良《ちょうりょう》〕」に準《なぞら》えられたためか、曹操への献策時に、曹操を劉邦《りゅうほう》にたとえて献策することが多かった。そうした際、荀彧は、献帝《けんてい》を義帝《ぎてい》に置き換えている。義帝とは、秦《しん》に反乱を起こした項羽《こうう》と劉邦が、とりあえず擁立して自らの正統化に利用した皇帝であり、やがて項羽により殺される。その義帝に献帝をたとえることは、曹操の正統化のため、とりあえず献帝を擁立する、と荀彧が考えていたことを示す。

『後漢書』荀彧伝が記すように、漢の忠臣と荀彧を位置づけることは難しいのである。たしかに最後は、魏の建国を阻《はば》んで殺されている。しかし、荀彧が最初から最後まで、漢の忠臣であり続けたとは言えないのである。では、漢のためでなければ、荀彧はなぜ死ななければならなかったのであろうか。

結論から言えば、曹操と荀彧の目指す国家像が異なってきたからである。荀彧が求めたものは、名士の価値観の中心である儒教に基づき運用される「儒教国家《こっか》」の再建であった。だからこそ、漢の復興を基本方針として掲げた。しかし、その漢は果たして次代を担《にな》う「儒教国家」足り得るのか。そうした基本方針の揺らぎは、荀彧が抱え続けた苦しみであった。あくまでも漢の復興という理念に殉じていった諸葛亮と比べると、現実に適応しようとした荀彧の辛《つら》さはいっそう際立つ。曹操は、弛緩《しかん》してしまった後漢「儒教国家」の単純な復興ではなく、儒教に拘《こだわ》らず、自分の君主権力を確立できる新たなる国家を目指した。そのため荀彧を殺害することで、儒教が守る漢を打倒し得る君主権力の強さを示したのである。

君主にとって功臣の処遇《しょぐう》ほど難しいものはない。前漢《ぜんかん》の高祖劉邦の武将として項羽を破り、背水の陣を布いたことでも有名な韓信《かんしん》は、謀叛の疑いをかけられると「狡兎《こうと》死して走狗《そうく》烹《に》らる［狡《ずる》賢い兎が死ぬと猟犬は不要になって煮られてしまう］」という春秋時代の范蠡《はんれい》の言葉を借りて、自分の立場を表現した。

天下統一のためには必要不可欠であった功臣の強大な力は、統一後はかえって不安材料になる。中国史上、天下統一の後に功臣を粛清しなかった皇帝は、後漢の光武帝《こうぶてい》劉秀《りゅうしゅう》と北宋《ほくそう》の太祖《たいそ》趙匡胤《ちょうきょういん》だけである。しかも、曹操は未だ天下統一の途上であった。荀彧殺害により生ずる臣下の動揺を防がねばなるまい。凡庸な君主であれば、荀彧の近親者の抜擢や荀彧の価値観の継承といった懐柔策を弄《ろう》する。

ところが曹操は、荀彧およびその後継者の名士たちが拠り所としていた、漢を正統化する儒教を、新しい価値観を提示することにより相対化しようとした。懐柔策ではなく、さらなる対峙性を鮮明に打ち出したのである。

荀彧を死に追い込む二年前、曹操はすでに人材登用の方針として唯才主義《ゆいさいしゅぎ》を掲げていた。「廉潔《れんけつ》な人物ではなく、陳平《ちんぺい》〔前漢の劉邦の功臣〕のように兄嫁と密通し、賄賂を受ける者であっても、唯《ただ》才能だけを基準として人材を登用する」と天下に宣言していたのである。これは、明らかに儒教からの逸脱である。そのうえで曹操が、儒教を相対化するために選んだ文化、それが「文学」であった。

曹操は、三国一の兵法家であるとともに、「建安文学《けんあんぶんがく》」を切り開いた文学者でもある。曹操の代表作「短歌行《たんかこう》」其《そ》の一が、いつ詠《よ》まれたのかは明らかでない。『演義』

は、それを赤壁の戦いの前に歌った不吉な詩とする。

対酒当歌　人生幾何
譬如朝露　去日苦多
慨当以慷　憂思難忘
何以解憂　唯有杜康
青青子衿　悠悠我心
但爲君故　沈吟至今
呦呦鹿鳴　食野之苹
我有嘉賓　鼓瑟吹笙
明明如月　何時可輟
憂従中来　不可断絶
越陌度阡　枉用相存
契闊談讌　心念旧恩

酒に対《むか》えば当に歌うべし　人生　幾何《いくばく》ぞ
譬《たと》えば朝露の如し　去日は苦《はなは》だ多し
慨《なげ》きて当《まさ》に以て慷《いた》むべし　憂思　忘れ難し
何を以てか憂いを解かん　唯だ杜康《とこう》　有るのみ
青青たる子《きみ》が衿《えり》　悠悠《ゆうゆう》たる我が心
但だ君の爲の故に　沈吟《しんぎん》して今に至る
呦呦《ようよう》と鹿は鳴き　野の苹《よもぎ》を食《くら》う
我に嘉賓《かひん》有れば　瑟《しつ》を鼓し笙《しょう》を吹かん
明明　月の如きも　何《いずれ》の時にか輟《ひろ》う可き
憂いは中より来《きた》り　断絶す可からず
陌《ひやく》を越え阡《せん》を度り　枉《ま》げて用《もっ》て相存《あいそん》せよ
契闊《けいかつ》して談讌《だんえん》し　心に旧恩《きゅうおん》を念《おも》わん

月明星稀　烏鵲南飛
繞樹三匝　何枝可依
山不厭高　水不厭深
周公吐哺　天下帰心

月 明らかに 星 稀《まれ》にして　烏鵲《うじやく》 南に飛ぶ
樹を繞《めぐ》ること三匝《めぐ》り　何の枝にか依る可き
山は高きを厭《いと》わず　水は深きを厭わず
周公 哺《ほ》を吐きて　天下 心を帰せり

この詩の主題は、人材の招致と登用にある。「月明らかに……」からの四句も、南に飛ぶ烏鵲［かささぎ］が樹をめぐり枝を選ぶのであれば、自分のもとに来ればよい、という詩意になる。ところが、『演義』は、故意にこれを誤読し、遠征に出ている曹操軍が「依る可き」枝を失うことになる不吉な詩だと曲解し、それを指摘した劉《りゅう》馥《ふく》が曹操に殺害されるという虚構を創る。「短歌行」は、赤壁の敗戦の予兆として用いられているのである。

「短歌行」には元歌があり、それは人生の短さを嘆く歌である。最初の四句は、そうした元歌が持っていた人生のはかなさを継承している。しかし、曹操は、そのまま人生の短さを酒に流したりはしない。それは、人生の無情を嘆くわけではなく、だからこそ多くの人材を招き、天下を平定したい、という曹操の志《こころざし》を言うための歌い起こしとされている。

傍線で示した儒教経典『詩経《しきょう》』の二カ所の引用は、いずれも人材の招致と登用という詩意に関わる。「青青たる子が衿、悠悠たる我が心」は、少女が青年を思う『詩経』鄭風子衿《ていふうしぎん》の句を借りて、賢才への思慕《しぼ》を示したものであり、「呦呦と鹿は鳴き、野の苹を食う」は、宴会で賓客をもてなす『詩経』小雅鹿鳴《しょうがろくめい》の句により、曹操の賓客への厚遇を示す。「鹿鳴館」という言葉の典拠として日本でも有名な詩である。最後に『韓詩外伝《かんしげでん》』巻三を典拠とする周公《しゅうこう》の故事を掲げて、天下の人材を登用しようとする曹操の施政方針を歌った詩、それが「短歌行」の真実である。

曹操のサロンから発展した建安文学は、中国史上、最初の本格的な文学活動と評される。曹操は自ら五言詩《ごごんし》の楽府《がふ》［曲にあわせて歌う詩］を作成し、志と正統性を高らかに歌った。唐《とう》の李白《りはく》や杜甫《とほ》が得意とした五言詩は、曹操によって勃興《ぼっこう》したのである。それまでにも、自分の内的な価値基準において、文学を最高の価値に据《す》える者はいた。しかし、唐以降の科挙《かきょ》のように、詩作などの文学的才能が評価されて、高い官職に就き得る状況は、曹操から始まる。曹操は、五官《ごかん》将文学《しょうぶんがく》など文学を冠する官職を創設し、文学の才能を基準に就官させたほか、文学に秀《ひい》でた曹植《そうしょく》を寵愛し、一時は後継者に擬《ぎ》するほどであった。

こうして文学は、曹操により儒教とは異なる新たな価値として、国家的に宣揚《せんよう》されたのである。太平道《たいへいどう》や五斗米道《ごとべいどう》といった宗教だけではない。文学という一見すると儒教に対抗できかねるような文化を、人事と関わらせることで宣揚していく。曹操独自の卓越した政策をここに見ることができよう。

これによって、儒教は「聖漢の大一統」を儒教の理想とすることを放棄していく。それを支えていた『春秋公羊伝《しゅんじゅうくようでん》』は、儒教の中心から遠ざけられ、徳のある者に天は天命を下し、新たな国家が成立するという易姓革命《えきせいかくめい》が強調されて、曹丕《そうひ》の漢魏革命を正統化していくことになるのである。

2 五斗米道

曹操が「文学」を宣揚することにより、漢と儒教との関係を変容させようとしていたところ、漢の復興を正面から掲げていた者が劉備であった。すなわち、劉備はその存在そのものにより曹操を否定する者であった。その劉備が成都《せいと》を支配した後に、狙うのは漢中《かんちゅう》の張魯《ちょうろ》である。漢中は、成都から長安《ちょうあん》・洛陽《らくよう》に向かう場合、最も重要な土地であった。曹操は、そして劉備もまた、張魯の漢中に狙いを定める。

張魯は、五斗米道という道教《どうきょう》の起源となる宗教の教祖であり、漢中はその宗教王国となっていた。五斗米道という名称は、病気が治った信者に、五斗（約十リットル）の米を寄進させたことに由来する。張魯が、創始者の張陵《ちょうりょう》を「天師」と呼んで崇めたことから天師道《てんしどう》という呼称に変わり、さらに正一教《しょういつきょう》と名を変えて現代まで続いている道教である。

五斗米道の教義によれば、病気は犯した罪が原因であり、病気を治すには、祭酒《さいしゅ》と呼ばれる指導者のもと、静室《せいしつ》で天・地・水の神々に罪を懺悔告白し、再び罪を犯さないとの誓約文を書けばよい、という。悪事を行なった者は三度まで許し、四度目になると罪人と呼ぶ。罪人は、『老子』を習い、流民に対して無償で食料を提供する無料宿泊所である義舎《ぎしゃ》に米や肉を寄進し、あるいは道路や橋の修理に労働奉仕をする。そうした善行が、贖罪《しょくざい》につながるとされていた。

信者から構成される強固な自治組織を形成して、一般信者を鬼卒《きそつ》、それをまとめるものを祭酒、さらにその上に治君《ちくん》・師君《しくん》〔張魯が号した〕を置くという階級的な組織を持った。張魯の漢中支配は、この組織を利用したもので、官吏を任用しなかった。こうして五斗米道は、漢中に宗教王国を形成していた。

曹操の集団は、青州兵に代表される黄巾《こうきん》の残党を多く含んでいた。黄巾の乱をおこした張角《ちょうかく》の太平道も、五斗米道とほぼ似た教義を持つ。ゆえに張魯も、天下を定める者は魏であるという予言書を伝え、五斗米道が待ち望んだ支配者として、曹操を「真人《しんじん》」と位置づけるなど、曹操に協力的であった。「真人」とは、天命を受けて新しい国家の主君となる者のことである。この言葉は、儒教の経典にはなく、道教経典の一つである『太平経《たいへいきょう》〔太平清領書〕』などで説かれる思想である。

したがって、曹操の漢中平定は順調に進み、張魯は降服して、その娘は曹操の子曹宇《そうう》の妻となっている。両者の利害が一致し、曹操は宗教教団を取り込み、漢中を円滑に統治することができるかに見えた。そこに侵入したものが劉備である。

3　漢中の戦い

曹操の祖父曹騰《そうとう》は宦官であったため、父の曹嵩《そうすう》は夏侯《かこう》氏より養子に迎えられた。曹嵩の甥にあたる夏侯惇《かこうとん》の族弟が夏侯淵《かこうえん》である。夏侯淵は、曹操が故郷で事件を起こしたときに身代わりとなり、曹操の挙兵とともに別部司馬《べつぶしば》・騎都尉《きとい》として各地を転戦した。袁紹を官渡の戦いに破った後は、兗州《えんしゅう》・豫州《よしゅう》・徐州《じょしゅう》の兵糧を取り仕切り、軍に補給した。

夏侯惇が拠点を守り、夏侯淵が兵糧を運ぶ。二人の夏侯将軍が曹操軍を支えていたことが分かる。ただし、慎重な性格の夏侯惇と異なり、夏侯淵は勇猛で先頭に立って戦う「猛将」であった。軍中語《ぐんちゅうご》に、「典軍校尉《てんぐんこうい》の夏侯淵、三日で五百里（約二〇〇km）、六日で一千里（約四〇〇km）」と評されるほど、敵の不意を衝く急襲を得意としていたのである。

曹操の勢力が拡大すると、すべての軍を曹操が率いることは不可能となった。曹操は、夏侯淵が方面軍司令官に成長することを望み、渭水《いすい》の戦いの後、涼州《りょうしゅう》の平定という大役を任せた。夏侯淵は、韓遂《かんすい》軍の主力であった羌《きょう》族の居留地を攻撃、馬超《ばちょう》無き後も抵抗を続ける韓遂をおびき出して破り、涼州を平定した。曹操は、羌族が謁見する際には夏侯淵を侍《はべ》らせ、羌族を威圧したという。夏侯淵の威名は、羌族に鳴り響いていたのである。

曹操が漢中に張魯を征討すると、夏侯淵は涼州の精兵を率いて参加し、張魯の降服後、漢中の守備を命ぜられた。一方、劉備は、劉璋《りゅうしょう》を下して益州《えきしゅう》を取り、益州の喉にあたる漢中攻略を目指していた。陽平関《ようへいかん》を固める夏侯淵に対して、劉備は黄忠《こうちゅう》を定軍山《ていぐんさん》に陣取らせ、川越しに漢中盆地をうかがう形勢を取った。夏侯淵は精鋭を率いて、張郃《ちょうこう》とともにその後を追い、劉備軍と交戦する。

『三国志』黄忠伝によれば、山腹に待機していた

定軍山

黄忠は、陣太鼓をいっせいに打ち鳴らし、怒濤《どとう》のように坂を駆け下って殺到し、夏侯淵を討ち取ったという。『演義』は、これに法正《ほうせい》が山上より指揮したとする脚色を加える。しかし、『三国志』夏侯淵伝によれば、最期の戦いの様相は黄忠伝とは異なる。

ある夜、劉備軍が夏侯淵の陣営の囲いの逆茂木《さかもぎ》に火を放った。そのとき夏侯淵は、張郃に東の囲いを守らせ、自ら軽装の兵士を率いて南の囲いを守っていた。しかし、劉備軍が張郃を破ったので、自分の率いる兵士の半数を救援に差し向けた。その隙を黄忠に衝かれて、殺害されたという。そのとき率いていた兵は、わずか四百、自らの武力を過信していたと言われても仕方のない少なさである。

逆茂木の補修にわずかな兵で赴き、奇襲を受けて斬殺された。夏侯淵戦死の知らせを受けた曹操は、絶句する。そして、悲しみ、軍令を発布した。「司令官は自重して、自ら武器をとって戦うことも慎むべきものである。まして、鹿角《ろくかく》（逆茂木）の修理など、司令官のすることではない」と。

曹操は、かつて夏侯淵に、「司令官は臆病でなければならないときもある。勇気だけに頼るのは、匹夫《ひっぷ》の敵［一人を相手にする兵卒］である」という訓令を出していた。「猛将」夏侯淵は、これを守らなかった。その結果、兵を率いる将としてではなく、「匹夫の敵」として黄忠に斬られたのである。

一方、黄忠は、この功績によって、後《こう》将軍に任命された。関羽《かんう》・張飛《ちょうひ》・馬超と同格で、趙雲《ちょううん》よりも格上とされたのである。それは、諸葛亮《しょかつりょう》が「張飛・馬超らは黄忠の活躍を見ているので、文句は言わないでしょうが、関将軍はそのことを知らないので、納得しないでしょう」と進言するほどの抜擢《ばってき》であった。

諸葛亮の不安は的中し、関羽は黄忠を「老兵」と侮って同列の前将軍になることを拒否したが、費詩《ひし》の説得で前将軍に就任している。劉備は、それほどまでに生涯で初めて曹操を漢中という地で破ったことが嬉しかったのである。

4 漢中王

漢中は、漢にとって特別な土地である。「漢」という国名は、劉邦が項羽から漢中王に封建されたことに由来を持つ。言わば、漢中は漢の発祥の地なのである。漢の後継者を自認する劉備が、漢中を支配したことの意味は大きい。

建安二十四（二一九）年秋、群臣は劉備を漢中王に推挙し、献帝に上奏した。『三国志』先主伝《せんしゅでん》［劉備伝］に全文を掲げる上奏文には、劉邦の皇后であった呂氏《りょし》一族が専権を振るい、異姓の者が王となったことが批判されている。これは、娘を献帝に嫁がせて、魏王《ぎおう》となっている曹操に対する批判と考えてよい。さらに、曹操が皇后や皇太子を毒殺し、神器を盗み取ろうとしていることを非難する。そして、劉備がかつて董承《とうしょう》とともに曹操の暗殺を計画したこと、いま漢中で曹操を撃破したことを賛美し、その功績として同姓を諸侯に立てるべきことを述べる。

しかし、曹操が王命を遮《さえぎ》っているため漢初の諸侯・王の旧例に従って、劉備を漢中王としたことを報告して、上奏文は終わる。その上奏文は、沔陽《べんよう》に造った壇上で群臣列席の上で読み上げられ、劉備に王の冠を被らせて、漢中王に即《つ》かせることに用いられた。

こうして漢中王となった劉備も、献帝に上奏する。『三国志』先主伝は、これも全文を収録している。そこで劉備は、天の意志に応《こた》え、時運に従い、逆賊の曹操を撲滅して、国家を安泰に導き、万分の一でも（漢中王に即位させてくれた献帝の）ご恩に報いることを述べている。

　これに対して、陳寿《ちんじゅ》は、曹操が魏王になったことについて、『三国志』武帝《ぶてい》紀に、「(建安二十一年)夏五月、天子は公の爵を進めて魏王とした」と述べるだけである。裴松之《はいしょうし》注《ちゅう》には載せる献帝が曹操を魏王に封建する詔《みことのり》は載せていないのである。

　このように陳寿の『三国志』は、表面的には曹魏を正統としているが、詳細に読んでいくと、蜀漢の正統を潜ませている部分に気づくことが多い。

　皇帝から天子への二段階即位を行なっていた漢と魏の君主にとって、国家が交替したときに最も重要となる儀礼は、皇帝として「告《こく》

許昌に残る「受禅表碑」と「魏公卿上尊号奏碑」

代祭天文《だいさいてんぶん》」により、天子の交替を天に告げることにあった。

しかし、曹丕の即位は、『三国志』文帝《ぶんてい》紀では、漢の献帝の禅位の冊《さく》文を掲げたあとに、「庚午《こうご》、王 壇に升りて阼《そ》に即き、百官 陪位《ばいい》す」と記されるだけである。裴松之の注には、長々と引用される数次にわたる勧進文《かんじんぶん》［即位を進める臣下たちの上奏文、「魏公卿上尊号奏碑《ぎこうけいじょうそんごうそうひ》」としても残存］も、最も重要な「告代祭天文」も、今も許昌《きょしょう》に残る即位を記念した「受禅表碑《じゅぜんひょうひ》」にも、全く触れることはない。あくまでも、漢の献帝の禅位の冊文の結果としての即位を記すだけなのである。陳寿が曹丕の即位を歓迎していないことが分かろう。

その一方で、陳寿の『三国志』先主伝は、劉備の即位について、蜀学《しょくがく》［益州の儒教。讖緯《しんい》思想など予言を重視することを特徴とする。陳寿の師である譙周《しょうしゅう》も蜀学を修めた］の学者が総力を挙げて著した讖文《しんぶん》［預言書］にあふれる勧進文一種を載せ、「皇帝の位に成都の武担《ぶたん》の南に即く」と劉備が皇帝位に即いたことを場所とともに明記する。

さらに、『三国志』先主伝には、「惟れ建安二十六年四月丙午《へいご》、皇帝たる備 敢《あへ》て玄《げん》牲《ぼ》を用ひ、皇天上帝《こうてんじょうてい》・后土神祇《こうどじんぎ》に昭《あきら》かに告ぐ」から始まる「告代祭天文」をすべて掲載している。すなわち、劉備こそが、漢の正統を継いで即位したことを天に告げる資格があると陳寿は主張しているのである。

蜀に生まれ育った陳寿が、曹魏の正統を継承する西晉で著した『三国志』には、蜀漢の正統を行間に忍ばせる工夫が凝らされているのである。

第九戦

荊《けい》州《しゅう》争奪戦

（関羽VS呂蒙　二一九年）

＜概要＞

劉備が益州を領有すると、孫権は貸していた荊州三郡の返還を求め、劉備はこれを折半した。しかし、親劉備派の魯粛の死後、孫呉と曹魏は手を結び、荊州の守りについていた関羽を攻める。

1　関羽の義

話は、官渡《かんと》の戦いの前に遡《さかのぼ》る。「いま天下の英雄は、ただ君と僕だけである」と腹を探られた劉備《りゅうび》は、建安《けんあん》三（一九八）年、曹操《そうそう》のもとを逃れ、かつて支配していた徐州《じょしゅう》を拠点に曹操に叛《そむ》く。袁紹《えんしょう》と官渡で対峙中の曹操が対応できないと踏んだためである。ところが、曹操は、劉備の予想に反して自ら攻め寄せた。劉備は敗れ、袁紹のもとに落ち延びる。下邳《かひ》城にいた関羽《かんう》は孤立し、抗戦を諦《あきら》めて降服した。劉備の妻子を守っていたからである。

『演義』は、このとき関羽が、①「降漢《こうかん》不《ふ》降曹《こうそう》（漢に降るも曹に降らず〈漢に降服するのであり、曹操に降服するのではない〉）」、②劉備の夫人には何人も近づけない、③劉備の所在が明らかになれば帰参する、という三つの条件を付けて降服した、と関羽の義を強調する。『三国志』には、こうした条件の記載はないが、関羽がやがて劉備のもとに戻ったことは史実である。これが後世、関羽が神として祭られる大きな要因となった。

『演義』は、これら三つの条件を①君臣の分を弁ずるもの、②男女の別を厳しくするもの、③兄弟の義を明らかにするものとする。張遼《ちょうりょう》から報告を受けた曹操は、①は「わたしは漢の丞相《じょうしょう》であり、漢とは即ちわたしである」として、②と共に問題としなかった。③には難色を示したが、結局三つの条件を受け入れ、関羽を降服させる。

関羽が劉備に帰することを『演義』が義として絶賛する理由は、三国時代において、あるいは長い中国の歴史において、主君が敗れても見捨てず、優遇されても元の主君に帰参した事例がきわめて稀《まれ》なためである。

たとえば、項羽《こうう》を破った漢の劉邦《りゅうほう》の武将韓信《かんしん》は、もともとは項羽の部下であった。それが劉邦の厚遇を受け、項羽を討つ主力となった。あるいは、『演義』が普及した時代である清《しん》の中国征服には、明《みん》からの降将呉三桂《ごさんけい》の果たした役割が大きかった。しかし、こうした敵から帰参した功臣は、悲惨な末路を辿《たど》ることも多い。韓信は劉邦に、呉三桂は康熙帝《こうきてい》に殺害されている。かれらの生き方に義がなく、主君もその才能を制御できなかったためである。

これに対して、曹操は降服までの経歴よりも人物の才能を重視し、才能のある者は重く用いた。また、曹氏・夏侯《かこう》氏以外の者に、原則として一万人以上の兵力を任せることはなく、武将の統御を厳格に行なった。

このため、曹魏《そうぎ》を代表する武将となった帰参者は多い。張遼は董卓《とうたく》・呂布《りょふ》から、臧《ぞう》覇《は》は陶謙《とうけん》・呂布から、徐晃《じょこう》は楊奉《ようほう》から、張郃《ちょうこう》は袁紹から、朱霊《しゅれい》も袁紹から、文聘《ぶんぺい》は劉表《りゅうひょう》から、龐悳《ほうとく》は馬超《ばちょう》・張魯《ちょうろ》という元の主君から、それぞれ帰参している。しかも、かれらが曹操から粛清されることはなかった。

ここに関羽が含まれても何の違和感もないのである。これほど多くの武将が「奸」絶の曹操に従いながら、関羽だけが劉備のもとに戻っていく。『演義』が、関羽の義を絶対視する理由はここにある。

建安五（二〇〇）年、関羽は、官渡の前哨戦である白馬《はくば》の戦いで袁紹の先鋒顔良《がんりょう》を討ち、勝利に大きく貢献した。曹操は、功績を称え、また引き留め策として、関羽を漢寿亭侯《かんじゆていこう》に封建する。これは、史実も『演義』も同じである。また、曹操が関羽の長く留まるつもりのないことを知っていたことも、史実・『演義』に共通する。

曹操は、関羽の手柄にむくい、漢寿亭侯に封建した。これより先、曹操は関羽の立派な人格を評価していたが、かれの心には長く留まる気持ちがないと推察して、張遼に、「ためしに個人的にかれに尋ねてみてくれ」と言った。

それを受けて張遼が関羽に尋ねてみると、関羽は嘆息して、「曹公がわたしを厚遇してくださるのはよく知っておりますが、わたしは劉将軍から厚い恩誼《おんぎ》を受けており、一緒に死のうと誓った仲です。あの方を裏切ることはできません。わたしは絶対に留まりませんが、必ず手柄を立てて、曹公に恩返しをしてから去るつもりです」と言った。

張遼が関羽の言葉を曹操に報告すると、曹操はこれを義とした。関羽が顔良を斬るに及んで、曹操はかれが必ず去るであろうと思い、重い恩賞を賜った。関羽は、ことごとくその賜り物に封印をし、手紙を捧げて訣別を告げ、袁紹の軍にいる劉備のもとへ奔った。左右の者がこれを追おうとすると、曹操は、「かれはかれで自分の主君のためにしていることである。追ってはならない」と言った（『三国志』関羽伝）。

関羽が「義」である、との評価を定めた者は、実は曹操なのである。たしかに曹操は、はじめ関羽を引き留めるよう努めたが、最後は関羽の出立を快く見送る。『三国志』関羽伝に記される、「かれはかれで自分の主君のためにしていることである。追ってはならない」という曹操の言葉は、『演義』にもそのまま引用される。曹操に辛《から》い『演義』も、この場面だけは、曹操を高く評価する。「関羽が豪傑の中の豪傑であるため、奸雄もこれを愛した。曹操は奸雄の中の奸雄である」と。

義とは、人として正しい道に依ること［春秋の義はそのための規範］や徳行の極めて高いことを示す言葉で、『孟子《もうし》』によって仁《じん》と並ぶ最高の徳目とされた。しかし、『孟子』は「仁義」と並称し、ともに人の内側に存在するものとしたが、そうした義の理解には、有力な反論があった。

『孟子』告子《こくし》篇に、「仁は内であって外ではない。義は外であって内ではない」という告子の議論が掲げられ、それに対する孟子の反論が展開されている。孟子の主張する義内説の方が、自律的道徳観としては優れているのであるが、義を外とすることの方が分かりやすい。『礼記《らいき》』表記《ひょうき》篇も、「仁に厚い者は義に薄く、親しみて尊ばず、義に厚い者は仁に薄く、尊びて親しまず」と、仁と義を対照的に捉えている。

仁とは、『論語《ろんご》』顔淵《がんえん》篇に、「樊遅《はんち》 仁を問う。子曰く、人を愛す」とあるように、愛であるが、墨子《ぼくし》が批判するように「別愛《べつあい》（差別愛）」である。墨子の「兼愛《けんあい》」やイエスの「アガペー」のように、すべての人を等しく愛せ、とするわけではない。孔子《こうし》は、親を愛し、兄弟を愛し、一族を愛し、村の者を愛し、それを国中に及ぼすことを説いたが、その愛は同心円上に広がるもので、強さが異なる。他人よりは一族を、一族よりは親兄弟を愛するのである。

これに対して、義は他者との関係を中心とする。本当の肉親でないから、「義」兄弟となる。本当の兄弟であれば、「同年同月同日に生まれなかったことは是非ないとしても、同年同月同日に死なんことを願」わない。誰かが生き延びて、家を守り「孝」を尽くすべきだからである。劉備三兄弟は、同日に死ぬことを誓い、それが叶《かな》わなかったため、劉備は呉の遠征に自らの命を投げ出した。他人のために命をも擲《なげう》つこと、これが劉備・関羽・張飛《ちょうひ》が誓いあった義である。

「忠義」と並称されるのは、君主という他人のために命を投げ出すことが、忠であるとともに義だからである。ただし、忠のために行なわれる義は、いまだ輝きが薄い。そこに君主や社会からの強制力が見え隠れするためである。

これに対して、『演義』において、やがて関羽は、華容道《かようどう》で軍令を犯して、すなわち自らの命を捨てて、赤壁《せきへき》の戦いに敗れた曹操を救う。曹操は敵である。他人の中でも最も遠い存在であり、仁の及ぶ範囲ではない。孔子は『論語』為政《いせい》篇に、「義を見て為《な》さざるは勇無きなり」と述べる。敵を救うことは命がけとなる。勇が無ければ義は成し遂げられない。武勇に優れる関羽であるからこそ、曹操との「信義」を示すため、自らの命を賭《か》けることができた。このため、他者との関係において成立する「義」は、華容道で最も輝くのである。

2　英雄の落日

諸葛亮《しょかつりょう》が劉備の救援のため、関羽に荊州《けいしゅう》を託して益州《えきしゅう》に入って以来、関羽は荊州南部をまかされた。諸葛亮は入蜀後も、荊州の関羽がまわりの知識人と協調できるように、その自尊心を満足させようと、懸命に気を使っていた。

劉備は、西方の益州を平定すると、関羽を荊州の総督に任命した。関羽は馬《ば》超《ちょう》が集団に加わったことを聞き、もともと馴染《なじ》みではなかったので、諸葛亮に手紙を出して、「馬超の人物・才能は誰に匹敵するのか」と尋ねた。諸葛亮は、関羽が負けず嫌いなことを知っていたので、これに「馬超は、文武の才能を兼ね備え、武勇は人並外れ一代の傑物であり、(前漢劉邦の将軍であった)黥《げい》布《ふ》や彭越《ほうえつ》に匹敵する。(馬超は)張飛と先を争う人物と言うべきだが、やはり髭《ひげ》どのの比類なき傑出ぶりには及ばない」と答えた。関羽は、ほほ髭が美しかったので、諸葛亮は関羽を髭どのと呼んだのである。関羽は手紙を見て大喜びで、賓客に見せてまわった(『三国志』関羽伝)。

諸葛亮の気苦労と関羽の自尊心の強さがよく伝わっている。北に敵対する曹操、東に不満くすぶる孫権《そんけん》をひかえ、荊州の守備は外交能力を必要とした。赤壁で戦功のなかった劉備に次の根拠地を得るまで荊州を貸すという魯粛《ろしゆく》の策に、孫権は必ずしも満足していたわけではなかったのである。

建安二十（二一五）年、益州を領有した劉備に対し、孫権は荊州を返すように要求する。劉備が先延ばしを図ると、業を煮やした孫権は、長沙《ちようさ》・零陵《れいりよう》・桂陽《けいよう》の三郡に役人を派遣するが、ことごとく関羽に追い払われた。その結果、両軍は長沙郡益陽県《えきようけん》で対峙し、孫権と劉備も出陣する事態となった。ここで魯粛は、関羽との会談を求める。自らの「天下三分の計」のため劉備を必要とする魯粛は、話し合いで荊州の問題を解決しようとしたのである。

魯粛は関羽に会見を申し入れ、おのおの兵馬を百歩離れた所に留めると、ただ将軍が単刀《たんとう》「刀ひとつ」でともに会することを提案した。そのうえで魯粛はしばしば関羽を責めて言った。「国家《わがきみ》が区々（たる江東《こうとう》）におりながら、むかし（荊州の）土地を貴家に借したのは、貴家の軍が敗れて遠くより身を寄せられ、資《もとで》が無いためであった。いますでに益州を手に入れられたのに、（借りた土地をすべて）還す意志もなく、ただ三郡だけを求めたことに対しても、命に従われない」。言葉がまだ終わらないうちに、坐にあった一人が、「そもそも土地というものは、ただ徳のある所に帰する。どうして常にこれを保つことができようか」と言った。魯粛は声を励ましてこれを叱咤し、言葉も顔つきもきわめて厳しかった。関羽は刀をとって立ち上がると、「これはもとより国家の大事である。この者の知るところではない」といい、目で合図をしてその者を去らせた（『三国志』魯粛伝）。

裴《はい》注に引く韋昭《いしょう》の『呉書』では、関羽は魯粛の問いに答える言葉もなかったと伝えられる。魯粛が関羽に圧倒されることを描く『演義』の「単刀会」とは、正反対である。結局、曹操が漢中《かんちゅう》に進入したため、益州を失うことを恐れた劉備は孫権と和解し、荊州南部を分割した。魯粛の正当な外交交渉に、関羽は全く対応することができず、話し合いにより、守っていた土地の半分を奪われたのである。

荊州南部を分割することによって、孫権と和平を結んだ劉備は、漢中に進出して曹操と対決した。黄忠《こうちゅう》が夏侯淵《かこうえん》を斬り、漢中を領有した劉備は、すでに魏王《ぎおう》に即いていた曹操に対抗して、漢中王を称する。関羽は、それに呼応して曹仁《そうじん》を攻めた。曹操は于禁《うきん》を救援にさし向けた。ところが秋、長雨がふって漢水《かんすい》が氾濫し、于禁の指揮する七軍すべては水没する。関羽が塞き止めていた川を溢れさせたのである。于禁は関羽に降服し、将軍の龐悳は斬られた。梁《りょう》郟《きょう》・陸渾《りくこん》など曹操の支配地域の盗賊のうちには、関羽から印綬《いんじゅ》や称号を受けて、配下となる者もいた。

こうして関羽の威信は中原《ちゅうげん》の地を震動させたのである。このときが、関羽の全盛期であった。于禁を捕らえ、龐悳を斬ったことで、関羽の武名は天下に轟《とどろ》き、曹操は許《きょ》からの遷都を群臣に図る。これに対して、司馬懿《しばい》と蔣済《しょうさい》は、呉との同盟策を進言した。

3　荊州争奪戦

司馬懿と蔣済が、呉に背後を衝かせるよう進言したのは、呉における親劉備派の魯粛が死去していたためである。魯粛の死後、荊州の軍事は呂蒙《りょもう》に任されていた。もちろん、関羽も呂蒙を警戒して、樊城《はんじょう》に向かった後も、公安《こうあん》や江陵《こうりょう》に多くの兵力を残し、烽火台を築いて、呉の来襲に備えていた。
樊城を守る曹仁は曹操の従弟で、挙兵以来、曹操に従い、方面軍司令官を歴任していた。公安より樊城に攻め寄せた関羽は、折からの長雨による漢水の氾濫を利用して、救援に来た于禁の率いる七軍を水没させた。関羽は船に乗って城に臨み、幾重にも包囲して外部との交通を遮断した。それでも曹仁は、城内を激励して必死の覚悟を示し続けたため、将兵は感動して二心を持つ者はなかった。

これより先、孫権は使者を出して息子のために関羽の娘を欲しいと申し込んだが、関羽はその使者をどなりつけて侮辱《ぶじょく》を与え、婚姻を許さなかったので、孫権は大いに立腹していた。また、南郡太守の麋芳《びぼう》が江陵に、将軍の士仁《しじん》が公安に駐屯していたが、どちらもかねてから関羽が自分を軽んじていると嫌っていた。関羽が出陣すると、麋芳と士仁は、軍資を供給するだけで、全力をあげて援助をすることはなかった。関羽は「帰還したら、こいつらを始末しなければならない」と言ったので、麋芳と士仁はともに恐怖を感じ落ち着かなかった。

このとき、孫権が内々に麋芳と士仁に誘いをかけ、麋芳と士仁が人をやって孫権を迎えさせたところに、曹操が徐晃を救援に差し向けた。関羽は勝利を得ることができず、軍を引いて撤退した。孫権はすでに江陵を占領しており、関羽の部下やその妻子たちをことごとく捕虜にしたので、関羽の軍は四散した。孫権は、将軍をつかわして関羽を迎え撃ち、関羽と子の関平《かんぺい》を臨沮《りんしょ》において斬り殺した。関羽には壮繆公《そうぼくこう》の諡号《しごう》が贈られた（『三国志』関羽伝）。

ここには関羽の弱点が露呈《ろてい》している。兵には優しいが、知識人には傲慢で自信家の関羽は、配下の麋芳と士仁に信頼されていなかった。そこを孫権配下の呂蒙に切り崩され、関羽は曹操と孫権の挟撃を受けて、麦城《ばくじょう》で戦死したのである。

『演義』は、『三国志』には記されない、英雄の死の場面を丹念に描いている。

食糧が底をつくと、関羽は北門の囲みが甘いので、そこから蜀へと脱出を図る。北門を空けておいたのは呂蒙の計略であった。北門から出た関羽は、朱然《しゅぜん》の包囲を破り、潘璋《はんしょう》を蹴散《けち》らしたが、馬を引っかけられ、落馬したところを潘璋の部下馬忠《ばちゅう》に生け捕られた。孫権は、関羽を助けようとしたが、関羽に一喝《いっかつ》される。「わたしはかねてより将軍のお人柄を慕い、一家の誼《よし》みを結びたいものをと思っておったのに、どうして叶《かな》えてくれなかったのか。それに、かつては天下無敵と自負されていた貴公が、今さらわたしに捕えられるとはどうしたことか。今となっても、まだわたしに付く気はないかな」。「碧眼《へきがん》の小児、紫髭《しぜん》の鼠輩《そはい》。わたしは劉皇叔と桃園に義を結び、漢室を扶《たす》け参らせんことを誓った者である。貴様ごとき国賊に与《くみ》すると思うか。こうして貴様の奸計に掛かったからには、死あるのみだ。余計なことは聞きたくない」。

孫権はなおも悩んだが、ついに関羽は、関平とともに首を斬られた。五十八歳であった（『演義』第七十七回）。

『演義』は、「曹操は（張遼の説得で降服してきた）関公を礼に基づき敬ったが、孫権は（馬忠に引ったてられた関羽に、「天下無敵と自負していたのに今さら捕らえられるとは」と言い）これを笑った。（孫権は）遠く曹操に及ばない」と評をつけている。『演義』前半の主役は、「義」絶関羽と「奸」絶曹操である。関羽の義は、曹操という敵《かたき》役《やく》が存在してこそ、初めて輝きを放つのであった。

4　関帝信仰

日本の中華街でも、関聖帝君《かんせいていくん》として祭られている関羽は、道教《どうきょう》の神である。道教は、福《ふく》［子宝］・禄《ろく》［財産］・寿《じゅ》［長生］を求める現世救済の多神教である。関羽は、唐《とう》代に初めて神として祭られた。関羽終焉の地に近い玉泉寺《ぎょくせんじ》で、仏を守るための伽《が》藍神《らんしん》として祭られたのである。玉泉寺の祭祀《さいし》は私祭であったが、五年間だけ国家によって祭られたこともある。太公望呂尚《たいこうぼうりょしょう》を祭る武成廟《ぶせいびょう》に、従祀《じゅうし》［主神に付き従う神として、共に祭祀を受けること］されたのである。

ただし、従祀された者は関羽だけではない。背水の陣で有名な韓信はもちろん、諸葛亮も祭られており、唐代における関羽は、いまだ傑出した信仰を集める神ではなかった。

関羽の地位が高くなるのは、宋代《そう》からである。宋の皇帝たちは、北方民族に追い詰められた時ほど、関羽に高い称号を加えていき、それは以後の歴代皇帝に継承された。宋代に関羽信仰が進展した理由は、複合的である。

第一には、宋の軍事行動への加護が挙げられる。中国歴代国家の中で相対的な軍事力が最も弱かった宋は、北宋の時には北方から遼《りょう》・西方から西夏《せいか》の、南宋の時には北方から金《きん》の圧迫を受け、元《げん》によって滅ぼされた。弱体な軍事力を補うため、宋は神に祈る。唐代より関羽を祭ってきた玉泉寺は、戦いのたびに宋から保護を受けた。たとえば哲宗《てっそう》が「顕烈《けんれつ》」という扁額《へんがく》［寺院などに飾られる額装された書］を賜与したのは、父神宗《しんそう》のヴェトナム遠征の際、関羽が顕れて烈しく戦い、窮地に陥った宋軍を救ったことへの返礼である。北宋が金の侵攻により危機に陥ると、徽宗《きそう》は関羽を「忠恵公《ちゅうけいこう》」に、さらに「武安王《ぶあんおう》」へと封建して国家の守護を願った。しかし、南宋でも諸葛亮が「威烈武霊仁済王《いれつぶれいじんさいおう》」となっているように、国家の守護神を関羽に限定する必要はなかった。関羽信仰の広がりは、軍事行動との関わりだけでは説明できない。

第二に、『演義』の源流となる「説三分《せつさんぶん》」と呼ばれる語り物の普及により、「三国志」が身近となり、蜀漢の地位が高まったことも挙げられる。朱子学を集大成した南宋の朱熹《しゅき》が、『資治通鑑綱目《しじつがんこうもく》』の中で、蜀漢の正統を主張している。宋代では、民衆・知識人を問わず、蜀漢への支持が高まりを見せていた。関羽への信仰は、これを背景に広まった。ただし、蜀漢を象徴する人物は、劉備であり諸葛亮であって、関羽に限定されない。関羽信仰の広がりには、さらなる原因があろう。

第三の、そして最大の理由は、山西《さんせい》商人の関羽信仰にある。関羽の出身地である解《かい》県《けん》は、中国最大の塩の流通拠点であった。「敵に塩を贈る」という言葉があるが、日本は海で囲まれた島国である。それでも武田信玄《たけだしんげん》は、塩不足に苦しんだのであるから、塩の入手の難しさが分かる。

また、salary［給与］の語源はラテン語のsal［塩］である。ローマは、給与を塩で支給していたのである。それほどまでに、塩は貴重であった。大陸国家の中国では、塩の採れる場所は限定される。これを利用した塩の専売は、前漢の武帝期より始まる。

宋代の専売方法は、塩の生産・運搬・販売を国家が行なう榷塩法《かくえんほう》から、塩を払い下げる時に徴税し、後は商人に任せる通商法《つうしょうほう》へと移行した。しかも、北方民族との戦いが絶えなかった宋は、塩の専売を国境での軍需品納入に利用する。商人は、銀や銅銭、兵糧や馬草を国境や京師《けいし》に納入して、塩引《えんいん》と呼ばれる販売許可証を受領し、これを生産地に持参して塩を受け取って販売した。

解県の塩商として発展してきた山西商人は、その担い手の中心となった。宋の財政の八割は軍事費に当てられ、税収入の五割を塩税が占めた。それを取り扱う山西商人は、莫大な財を築きあげた。その守護神であったからこそ、宋は、戦いに際して関羽に祈りを捧げた。関羽信仰は、商人と国家権力とが結合するための手段として発展したのである。

宋を滅ぼした元では、税収の八割を塩税が占めた。山西商人の信仰を集める関羽は、塩の生産を邪魔する蚩尤神《しゆうしん》と戦う姿が雑劇で演じられた。山西商人は、商売先で関羽の劇を演じさせ、自らの功徳《くどく》を積むとともに、その信仰を民衆にも広めたのである。

明の中期以降、山西商人は、国境地帯の軍事物資の納入に加え、塩法の改革に伴って中国経済の中心地である揚州《ようしゅう》など長江《ちょうこう》流域に進出する。その結果、山西商人は、新安《しんあん》商人と並ぶ中国商人の二大勢力に成長した。これにより、関羽の地位は、飛躍的に高まった。それでも、関帝が全能神となり、中国の津々浦々《つつうらうら》まで関帝廟《かんていびょう》が建てられるようになるのは、清《しん》代になってからのことである。

関帝信仰の全盛期となった清は、満州《まんしゅう》族の国家であった。少数の満州族によって中国を支配する清は、軍事的にはモンゴル民族の協力を得、経済的には歴史的・地理的に密接な関係にあった山西商人を政商として利用した。清の外征には、山西商人が兵糧を納入し、国家の経済政策の遂行にも積極的に寄与した。そのため、山西商人には特権が与えられた。とくに利潤の大きい地域の塩販売の独占権のほか、清の官金が貸与され、その莫大な資本の運用により山西商人は、巨大な利益を得たのである。

このため、清においても、関羽は国家のために戦い続けた。清の軍事報告書には、赤い顔の長い髯の神が降りてきて、清軍を守ってくれ勝利を収めた、としばしば記されている。

『演義』の関羽像が、明の嘉靖《かせい》本から清の毛宗崗本へと手を加えられ続け、「義絶」

としての地位を確立した背景には、関帝信仰の発展があった。同じく『演義』を愛しながらも、日本において関羽が、曹操や諸葛亮と並ぶ主役として受容されないのは、関帝信仰を持たないためなのである。

第十戦

夷《い》陵《りょう》の戦い

（劉備VS陸遜　二二二年）

<概要>

関羽が殺されたことに激怒した劉備は、仇討ちと失地回復のために、大規模な東征を行なった。一方、孫権は、荊州争奪戦で大功のあった陸遜を大都督に任じ指揮を執らせる。

1　仇討ち

荊州《けいしゅう》南部を拠点として益州《えきしゅう》に攻め込んだ劉備《りゅうび》は、東州兵《とうしゅうへい》の抵抗に手を焼きながらも益州を支配し、さらに曹操《そうそう》を破って漢中《かんちゅう》を切り取り、漢中王の位に即いた。曹操が死去して、曹丕《そうひ》が漢《かん》を滅ぼして魏《ぎ》を建国すると、それを認めないために漢［季漢《きかん》、季は末っ子という意味、蜀漢《しょくかん》ともいう］を建国、漢を復興するという志《こころざし》を実現した。

しかし、それ以前に、荊州を守っていた関羽《かんう》は、劉備に呼応して曹仁《そうじん》と戦い、呉《ご》の裏切りによって殺され、首を曹操のもとに送られていた。関羽を殺害された劉備は激昂《げっこう》し、関羽の仇討ちのために孫呉《そんご》と戦うことを誓った。しかし、それを実現することは難しい。皇帝に即位することにより、義弟の仇討ちは、臣下の仇討ちへと意味づけが変わっていたからである。

古来、臣下の仇討ちのために、国是《こくぜ》［蜀漢の場合には、曹魏《そうぎ》を滅ぼして中原《ちゅうげん》を回復すること］を後回しにして、軍を起こした君主はいない。趙雲《ちょううん》は、呉と戦うことに対して、「関羽の仇討ちという私怨のために、漢を滅ぼした国家の宿敵《しゅくてき》である曹魏を後回しにして孫呉を討つのは間違っている」と、堂々と反対していた。そのとおりであろう。それが分かる劉備は、行動を起こせず、そのため漢を復興するという志を実現しても鬱々《うつうつ》として楽しまなかったのである。

それでも、劉備は、関羽の仇討ちのため、諸葛亮《しょかつりょう》の基本方針に背いて呉に攻め込む。このときの劉備は、それまで被《かぶ》っていた聖人君子の仮面を脱ぎさり、誰の制止をも聞かず、関羽の仇討ちに向かって一直線で行動する。傭兵隊長だったころの力強い劉備の姿をここには見ることができる。

『演義』では、趙雲のほか諸葛亮も劉備の東征を止めたことにしている。しかし、『三国志』には、諸葛亮が東征に反対した記録はない。実は、諸葛亮は、曹操と同様に、劉備の軍事能力を高く評価していた。劉備であれば、荊州を奪回できる可能性がある。その可能性は、諸葛亮が東征に反対しなかった理由の一つであろう。

もちろん、それだけではない。趙雲が主張するように、蜀漢の不倶戴天《ふぐたいてん》の敵は曹魏であって、関羽の仇討ちは劉備の個人的な感情の暴走に過ぎない。一国の皇帝たる者が、臣下の戦死を理由に、自ら軍を率いて本来の敵国ではない呉に攻め込むことなど、政治的判断からすれば正しくない。それを諸葛亮は百も承知でいたはずである。

それでも、諸葛亮は東征を止めなかった。止められなかったのであろう。義弟のために仇討ちをすることは、劉備の生きざまの「すべて」だったからである。関羽・張《ちょう》飛《ひ》は挙兵以来、命と引き換えに劉備を守って来た。情で結びつけたかれらの強い結びつきに諸葛亮は、入っていけなかったと考えてよい。趙雲だけが反対しても、劉備から罰せられなかったことは、その証明になろうか。同じく情で劉備と結びついている趙雲であれば反対できたが、理詰めの説得は無意味であったと思われる。

しかし、残念なことに、諸葛亮が信頼していた劉備の軍事能力は、夷陵《いりょう》の戦いでは発揮されなかった。感情が先に立つことで、漢中では曹操をも破った歴戦の傭兵隊長も勘《かん》が鈍ったのであろうか。劉備は、今に伝わる諸葛亮の兵法書の布陣法とは明らかに異なる陣を布き、呉の陸遜《りくそん》に大敗する。まず、諸葛亮の兵法書から検討していくことにしよう。

2　諸葛亮の兵法

諸葛亮の遺文《いぶん》は、陳寿《ちんじゅ》により『諸葛氏集《しょかつししゅう》』として編纂されたが、つとに散逸《さんいつ》した。

現在の『諸葛亮集』は、各書に残った逸文を輯《あつ》めたもので、清《しん》末までに七種の「諸葛亮集」が編纂された。最も優れたものは、厳可均《げんかきん》が集めた『諸葛亮集』で、これには『心書《しんしょ》』・『将苑《しょうえん》』・『便宜十六策《べんぎじゅうろくさく》』といった偽作の兵法書が含まれていない。『心書』・『将苑』は、完全な偽作で、宋《そう》代に捏造《ねつぞう》されたものである。内容は、おおむね『孫子《そんし》』の剽窃《ひょうせつ》でなり、また両書は混同されることも多い。

これに対して、『便宜十六策』は、本そのものは宋代の偽作であるが、その内容の一部に諸葛亮の真作を含む。具体的には、第十四斬断《ざんだん》は全文が『太平御覧《たいへいぎょらん》』に収録される逸文と一致し、第九治軍《ちぐん》の一部も同一である。これらは、失われた諸葛亮の兵法書の一部が伝わったものと考えられる。それを掲げることで、諸葛亮の兵法を検討していこう。

『便宜十六策』によれば、諸葛亮は、軍を維持するために、七つの禁止事項を定めている。

命令違反は断固として処断しなければならぬ。命令違反は内容により、次の七種に分類できる。一、軽んじる。二、慢《あなど》る。三、盗む。四、欺《あざむ》く。五、背《そむ》く。六、乱す。七、誤らす。将軍は、皇帝から受けた斧鉞《ふえつ》［専断権を象徴する］の力の権威にかけ、命令に従わない者を誅殺する。軍法の罰則規定には軽重の差があって、軽罪は戒告、重罪は厳罰に処すが、いずれにしても、命令違反を見逃してはならない。

諸葛亮が掲げる七種類の命令違反は、具体的にはどのようなことであろうか。期日に約束の場所に現われない。進軍太鼓を聞いても飛び出さない。名を呼んでも答えない。装備・武器ともに不十分である。これを「一、軽んじる」という。命令を受けても伝達しない。進軍後退を指示する金鼓《きんこ》［退き鐘と進軍太鼓］に耳をかさず、旋旗《しょうき》［命令を伝達する旗］を無視する。これを「二、慢る」という。将校が兵の労苦に思いを致さない。部下を差別待遇する。人の手柄を横取りする。これを「三、盗む」という。

勝手に姓名を変える。武器が物の役に立たない。軍令も守らない。これを「四、欺く」という。勝手な行動で隊列を乱し、士気に水をさす。逃げ腰で戦う気がなく、右往左往する。負傷者の救出、戦死者の収容にかこつけ戦線を離脱する。これを「五、背く」という。将兵が互いに先頭争いをして、ばらばらに行動する。命令を聞きとれない。これを「六、乱す」という。軍法を無視して、他の部隊に潜りこむ。集団で罪に連座する。仲間を集めて酒を飲み、互いに便宜をはかり合う。これを「七、誤らす」という。こうした者どもを処断してしまえば、すべてが順調に回転する。

このように諸葛亮は、軍隊における命令を重視し、その違反者を七つの類型に分類して処断している。すでに掲げた孫子が宮女を使って行なった模擬訓練とよく似ている。『孫子』の兵法を基本として、それを敷衍《ふえん》することで、厳格な運用を志すことが、諸葛亮の兵法の特徴と言えよう。

軍を動かす際の前提は、敵情の把握である。『便宜十六策』で展開される、諸葛亮の敵情把握の六つの方法を掲げよう。

勝ちを収める者は、全軍に威令を貫徹し、戦場となる土地の地形を把握して、みずから作戦計画を立てる。味方の態勢を整えるには、しっかりと敵情を把握しなければならない。それはつぎの方法による。一、十分に戦局を検討し、彼我の優劣を計算する。二、誘いをかけてみて、敵の出方を観察する。三、種々の情報を総合して、敵の兵力を算定する。四、作戦行動を促して、敵の布陣している地形の有利不利をつかむ。五、情報を集めて、敵兵士の戦闘意欲を知る。六、小競り合いをしかけて、敵陣の強弱を判断する。これだけ情報を集めれば、味方は有利な地形に布陣して不利な地形に布陣する敵を撃つことができる。また、戦力の充実した敵を避けて、相手の隙につけこむこともできるのである。

ここでも、諸葛亮は『孫子』が間諜を使うことで、必ず得なければならないとしていた情報の収集法を六つの類型に分類して整理している。諸葛亮の兵法の特徴が、その精密《せいみつ》さにあることを理解できよう。こうして、地形に応じた戦法・敵情把握を終えたのちに、はじめて地形に応じて戦闘を行なう。『便宜十六策』では、次のように続けられる。

戦い方は、地形に応じて異なってくる。一、丘陵地帯での戦いは、低地に陣して高地に陣する敵を攻めてはならない。二、水上での戦いは、下流に陣して上流に陣する敵を攻めてはならない（いずれも、水攻めを防ぐためである）。三、草原での戦いは、深く生い茂った個所に軍を進めてはならない（伏兵を恐れるためである）。四、平地での戦いは、行動の自由な地に陣すべきである。五、道路上での戦いは、部隊を散開させることができない。単独で戦う態勢をとるべきである。

それぞれの地形に応じてこのような戦い方をすれば、勝利を収めることができる。諸葛亮はこのように述べている。しかし、夷陵の戦いにおける劉備の布陣は、一・三に反するものであった。

3　夷陵の戦い

劉備は、討呉を決意すると、東征に反対した趙雲を江州《こうしゅう》に留め、魏への備えとし、呉班《ごはん》と馮習《ふうしゅう》らを先鋒に、呉の李異《りい》・劉阿《りゅうあ》が防御していた巫《ふ》城・秭帰《しき》城を急襲し、短期間のうちに秭帰県まで制圧した。これに対して、孫権《そんけん》は、陸遜を大都督《だいととく》に任命した。しかし、呉の諸将は孫氏と潜在的な敵対関係を持つ陸家の若輩者が指揮を執ることに懐疑的であった。そうした中、劉備自身も本隊を率いて秭帰に駐屯し、呉班と陳式《ちんしょく》らに水軍を指揮させ夷陵へ先行させた。

章武《しょうぶ》二（二二二）年、劉備がさらに侵攻しようとすると、黄権《こうけん》はこれ以上進むと撤退が困難となると指摘し、自身が兵を指揮するので、劉備は後方にいて欲しい、と上言した。しかし、劉備は長江《ちょうこう》北岸の戦線を黄権に任せ、水軍を引き上げ、長江を渡《と》渉《しょう》し、先鋒を夷道に進めて、孫桓《そんかん》を包囲した。孫桓は陸遜に救援を要請したが、陸遜は「蜀軍を破る計略があるから耐えよ」と救援を出さなかった。

呉の将は、皆この陸遜の行ないを見て、不信を抱いた。この時点で陸遜の本隊は、三峡内の全拠点を失い、後方には江陵《こうりょう》があるだけという危機的な状況に陥っていた。劉備は、さらに自身も猇亭《おうてい》にまで進軍し、馬良《ばりょう》を武陵《ぶりょう》に派遣して蛮族を手懐《てなず》けさせ、これに武陵蛮《ぶりょうばん》の沙摩柯《さまか》らが呼応した。

　この時、劉備は補給線と退路を確保するために、後方に五十近くの陣営を築き連ねていた。曹丕はこれを聞いて、「劉備は戦の仕方を知らない。必ず敗北する」と側近に語ったという。

　六月、陸遜は蜀軍の陣地の一つを攻撃し、陥落できなかったがその時に蜀軍の陣が火計に弱いと見極めた。陸遜は全軍に指示を出し、夜半に水上を急行して総攻撃を開始すると、一斉に敵陣に火計を仕掛け、四十以上の陣営を陥落させた。

白帝城

劉備は、後方の陣営が落とされると、馬鞍山《ばあんざん》まで撤退して陣を布いた。しかし、呉軍がこれを四方から攻撃すると、蜀軍は潰走《かいそう》した。

その後、呉の追撃によって、馮習・馬良ら有能な武官・文官が戦死し、退路を失った黄権も魏に投降して、軍船・兵器も多数奪われた。劉備は趙雲に救助されて辛うじて白帝城《はくていじょう》に逃げ込み、白帝城を永安《えいあん》と改名する。蜀軍の損害は大きく、これにより蜀漢は荊州を完全に失った。

こうして劉備は、夷陵の戦いで呉の陸遜に敗退して、白帝城でその生涯を閉じる。子の劉禅《りゅうぜん》が心配であったためであろう。すでに述べたように、「君自ら取る可し」という諸葛亮を警戒する遺言を残した。

それでも、自分の生涯には満足していたのではないか。関羽・張飛とともに戦いをはじめ、関羽、そして関羽の仇討ちの前に殺された張飛のためにも戦って死んでいく。劉備の戦い続けた生涯を閉じるに相応《ふさわ》しい死に様であると言えよう。

4 劉備の仁

孔子《こうし》が始めた儒教において、最高の徳目とされる仁は、『論語《ろんご》』によれば、「人を愛すること」（顔淵篇《がんえん》）であり、「自分の望まないことを他人にしないこと」（衛霊公篇《えいれいこう》）である。思いやり、真心と言えば分かりやすいだろうか。孟子《もうし》はそれを継承して、政治における仁を「人に忍びざるの政」、人々の不幸を見るに忍びない政治と表現した。

『演義』に描かれる劉備は、まさに「仁政」、民草への憐れみを基本とした政治を行なう。荊州に南下した曹操に追われて樊城《はんじょう》から逃れる折のこと。劉備を慕う新野《しんや》・樊城の領民は、年寄りを助け、幼な子の手を引き船が足りないのに続々と河を渡り、両岸では哀号が絶えなかった。その有り様を見た劉備は、涙止まらず、「民たちのこの難儀も、みなわたし一人のため。ああ申し訳ない」と言うなり、いきなり流れに身を投げようとする。

『三国志』には、ここまでの記述はないが、劉備が足手まといとなる民を引き連れて敗走したことは事実である。結果として趙雲が救いに戻ったものの、乱戦のなか行方不明となった妻と子を助けることを命じなかったことも史実である。民も臣下も妻子と離ればなれになる中で、自分の妻子だけを救うことなど命じない。これが、徒手空拳からたたきあげ、一国の主にまで上り詰めた「仁君」劉備のカリスマ性の基《もと》である。

劉備は、前漢《ぜんかん》の景帝《けいてい》の子中山靖王劉勝《ちゅうざんせいおうりゅうしょう》の後裔という。しかし、漢の一族とは称したものの、劉備は、草鞋《わらじ》を編み、蓆《むしろ》を売って暮らす社会の下層階層の出身であった。家柄も経済力も無かった劉備は、関羽・張飛・趙雲などを率い、その卓越《たくえつ》した武力により台頭していく。『三国志』には、関羽・張飛と劉備との関係は、「寝るときには寝台を共にし、恩愛は兄弟のようであった」と表現されている。『演義』は、これを「桃園結義《とうえんけつぎ》」という義兄弟の契りを結ぶ場面として演出する。

また、劉備と趙雲との間にも、「寝台を共にして眠った」という、関・張と同質の関係が記録される。かれらを代表とするように、劉備が諸葛亮を迎える以前から従っていた臣下と劉備との間には、「義兄弟」という表現を可能にするほど強力な結びつきを見ることができる。集団の核となるべき一族を欠く劉備は、生来のカリスマ性により、関羽や張飛たちと情によって固く結びつき、かれらの忠誠心を元手に乱世で台頭していく。

劉備は、理想としたであろう前漢の建国者である劉邦《りゅうほう》とは異なり、また、『演義』が創造した聖人君子像とも異なり、戦下手ではなかった。劉備個人の戦闘能力が高く、戦術も優れていたからこそ、劉備は、公孫瓚《こうそんさん》→呂布《りょふ》→陶謙《とうけん》→袁紹《えんしょう》→曹操→劉表《りゅうひょう》と、群雄の間を傭兵集団として渡り歩くことができた。もちろん、それぞれの群雄に迎えられるにあたり、劉備のカリスマ性が発揮されたことは言うまでもない。中国では、こうした誰にでも受け入れられる者の属性を徳《とく》と表現する。カリスマ性をうまく表現している言葉である。

やがて益州を征服した劉備は、さらに曹操を破って漢中を切り取った。曹操が死去して、曹丕が漢を滅ぼして魏［曹魏］を建国すると、それを認めないために漢［季漢、あるいは蜀漢］を建国、漢を復興するという志《こころざし》を実現した。

しかし、それ以前に、荊州を守っていた関羽は、呉の裏切りによって戦死していた。そのため情で結びついてきた関羽を愛する「仁君」劉備は、志を実現しても鬱々として楽しまない。そして、関羽の仇討ちである夷陵の戦いで敗れたことは、すでに述べた通りである。

関羽への情愛を優先する「仁君」のカリスマ性に人々は集まった。しかし、宋襄《そうじょう》の仁という言葉もあるように、仁であることは、人として正しくとも、政治的には誤っている場合もある。それでも諸葛亮は、評価していた劉備の軍事的才能とカリスマ性に荊州奪回の可能性を賭けたのである。

第十一戦
街亭《がいてい》の戦い
（馬謖VS張郃　二二八年）

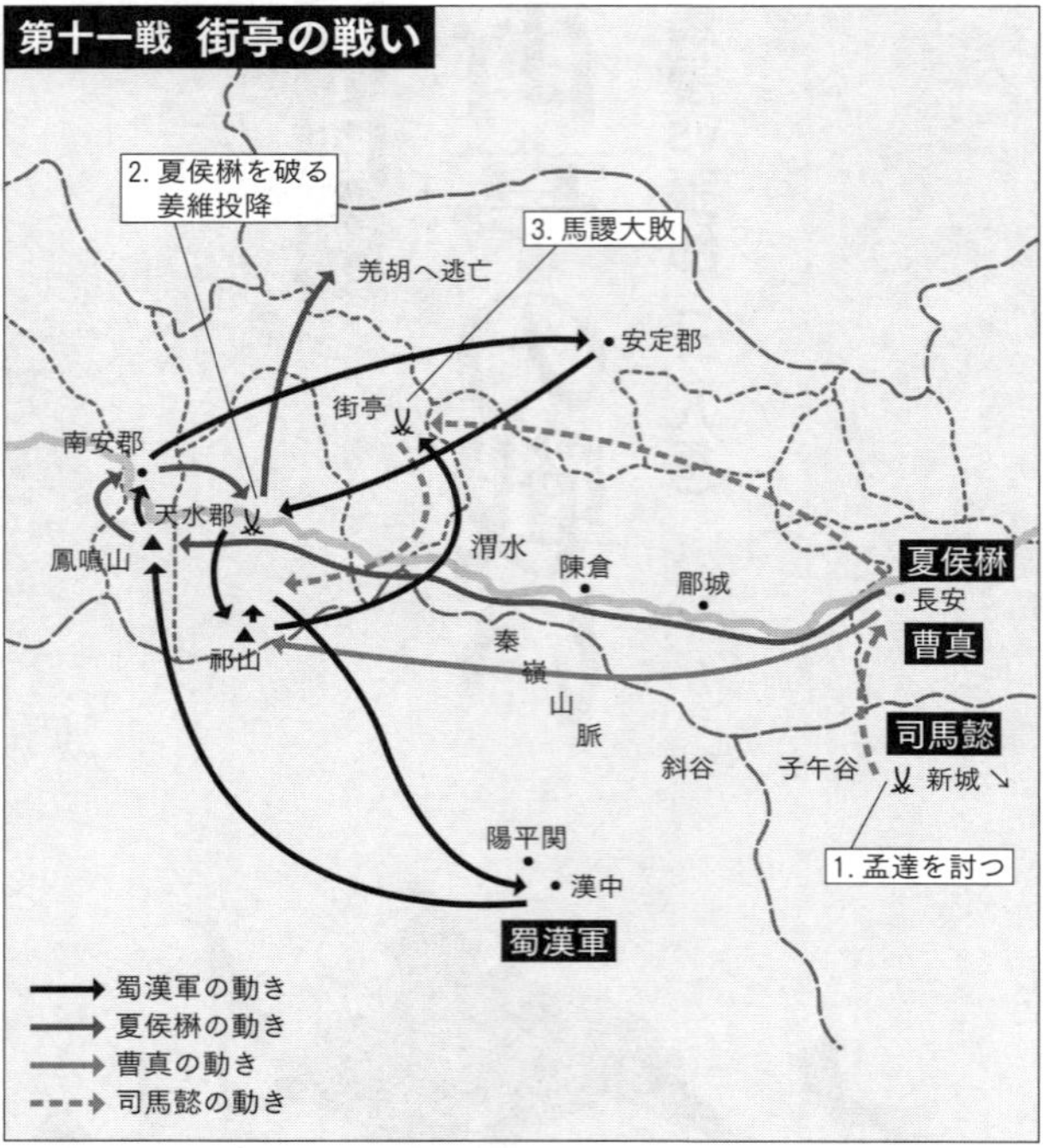

＜概要＞

劉備の死後、諸葛亮は南征を成功させ、満を持して曹魏を討つべく北伐に赴く。出陣にあたり君主・劉禅に奉った「出師《すいし》の表」は、〝忠〟を代表する名文である。

1　心を攻める

劉備《りゅうび》に「君自ら取る可し」と遺言され、疑われたことは、諸葛亮《しょかつりょう》には心外であったに違いない。それでも、諸葛亮は、劉禅《りゅうぜん》を即位させ、丞相《じょうしょう》・録尚書事《ろくしょうしょじ》・領益州牧《りょうえきしゅうぼく》として全権を掌握した。

益州郡の豪族である雍闓《ようがい》は、劉備の崩御による混乱を利用し、孫権《そんけん》と結んで蜀漢《しょくかん》に反乱を起こした。夷陵《いりょう》の戦い以降の蜀漢と孫呉《そんご》との対立関係を利用したのである。

諸葛亮は、劉禅の即位直後であったため、しばらくこれを放置した。

建興《けんこう》三（二二五）年、諸葛亮は、荊州《けいしゅう》名士の鄧芝《とうし》を孫呉に派遣して、外交関係の修復を試みる。鄧芝は、孫権との対話のなかで、諸葛亮の草廬対に基づく孫呉との同盟は、あくまで曹魏《そうぎ》を倒すための手段であり、そののちは「聖漢による大一統」のため孫呉を滅ぼす旨を明確に語った。孫権は、その正直さを評価し、諸葛亮に書簡を送り「二国を和合させる使者は、鄧芝だけである」と言った。こうして、孫呉との同盟を回復した諸葛亮は、雍闓への対応と合わせて、自ら軍を率いて南征を行なった。

当時、諸葛亮が最も評価していた部下に馬謖《ばしょく》がいた。「白眉《はくび》」の故事で有名な兄の馬良《ばりよう》［眉《まゆ》が白かった。このため、同類のもので最も優れているものを白眉と呼ぶ］を筆頭に「馬氏の五常《ごじよう》」［馬良の兄弟は、字《あざな》にみな「常」の字があった］と称えられた荊州襄陽《じようよう》の名士である。入蜀後、越嶲《えつすい》太守に任命され南中《なんちゆう》［雲南省《うんなん》］の状況に詳しかった馬謖は、諸葛亮に南方の異民族への対応を次のように語った。「夷狄《いてき》の心を攻めることが上策であり、城を攻めることは下策です」。すなわち、蜀漢の威勢を見せることで、戦わずして南中を従わせることを進言したのである。

もちろん、反乱を起こしていた雍闓を除くための戦闘は必要であった。しかし、なるべく戦闘を行なわなかったため、新たに人望を集め、異民族の指導者となっていた孟獲《もうかく》を、「七たび放ちて七たび禽《とりこ》にした（七回釈放して七回捕虜とした）」という伝説も生まれた。諸葛亮が、孟獲を生け捕りにし、放免することを繰り返し、孟獲が納得するまで戦ったというのである。

諸葛亮は、建興三（二二五）年の春に成都《せいと》から軍を率いて南征を開始し、雲南省・貴州省《きしゆう》からミャンマーとの国境線のあたりまで行軍して、同年秋には成都に戻っている。とても、七回もの戦闘を行なえる時間があったとは考えられないが、そのように伝えられる攻め方であった。南征が終わると、南中は、北伐に必要な武器・食糧・兵士などを提供し続けた。諸葛亮は、馬謖の進言どおり、異民族の城ではなく、心を攻めることに成功したのである。

2　出師の表

南征に成功して、後顧《こうこ》の憂《うれ》いを絶った諸葛亮は、国是である漢室復興のため、満を持して北伐に赴く。建興五（二二七）年、出陣にあたり、北伐の正統性を天下に示すために公表した上奏文、それが「出師《すいし》の表」である。古来、中国において忠を代表すると言われてきた文章であるため、翻訳に解説を附して全文を掲げよう。

出師の表

先帝《せんてい》［劉備］は始められた事業［漢の復興］がまだ半分にも達していない中道で崩殂《ほうそ》されました。いま天下は三分し、益州は疲弊しております。これは誠に危急存亡の秋《とき》です。それでも陛下のお側を守る臣下が宮中の内で警戒を怠らず、忠義の志《こころざし》を持つ臣下が外で粉骨砕身《ふんこつさいしん》しているのは、先帝の格別の恩顧を追慕し、これを陛下にお返ししようと考えるためです。（ですから陛下は）必ずお耳を開き、先帝の遺《のこ》された徳を輝《かがや》かし、志士の気持ちを広げるべきです。決してみだりに自分を卑下して、誤った喩《たと》えを引き、道義を失い、忠言・諫言の道を閉ざしてはなりません。

表とは、天子に捧げる上奏文の中で、最も公開性の高い文章である。諸葛亮は、「出師の表」により、「聖漢」による「大一統」の実現という北伐の目的を明らかにしたのである。劉備の死去を表現している「崩殂」は、天子の死去を表現する「崩御」と、漢の祖先と考えられていた堯《ぎょう》の死去を表現する「殂落」（『尚書《しょうしょ》』堯典《ぎょうてん》）を合わせた字句である。よく工夫された表現と言ってよく、劉備が堯の、すなわち漢の後継者として皇帝に即位したことを一言で表現している。

旧蜀臣であった陳寿《ちんじゅ》は、曹魏を正統とする『三国志』の中で、劉備の死去を「殂《そ》」と表現している。諸葛亮の「出師の表」を典拠としながらも、曹魏を正統とするために「崩」の字を省いたと考えてよい。なお、秋を「とき」と読むのは、一年のうち収穫の秋が最も重要な「とき」であることによる。

宮中と丞相府《じょうしょうふ》はともに一体ですから、賞罰の褒貶《ほうへん》に、食い違いがあってはなりません。もし悪事をなして、法律［蜀科］を犯し、あるいは忠善を行なう者があれば、かならず担当官庁に下げ渡して、その刑罰と恩賞を判定させ、陛下の公平な裁定を明らかにすべきです。私情にひかれて、内［宮中］と外［丞相府］で法律（の運用）に相違を生じさせてはなりません。侍中《じちゅう》の郭攸之《かくゆうし》・費禕《ひい》と侍郎《じろう》の董允《とういん》は、みな忠良で、志は忠実純粋であります。それゆえにこそ先帝は抜擢なさって陛下のもとに（かれらを）遺されたのです。

わたしが思いますに、宮中のことは、事の大小の区別なく、すべてこれらの人々に相談し、そののち施行なされば、必ずや遺漏を補い広い利益を得られるでしょう。将軍の向寵《しょうちょう》は、性質や行為が善良公平で、軍事に通暁《つうぎょう》しており、かつて試みに用いられ、先帝はかれを有能であるとおっしゃいました。それゆえにこそ人々の意見は向寵を推挙して中部督《ちゅうぶとく》としたのです。わたしが思いますに、軍中のことは、すべてかれに相談なされば、必ずや軍隊を分裂させず、優劣の区別をつけて軍を運用できるでしょう。

諸葛亮は北伐にあたり、丞相府［丞相として開く幕府のこと］を前線の漢中《かんちゅう》に置いたため、劉禅が残る成都《せいと》の宮中と二重政府状態となった。日本の江戸時代などの幕府は、この制度の継承と考えると分かりやすい。幕府は幕府直属の、朝廷は朝廷直属の臣下を優遇したがるものであるが、それでは両者が対立して、国力が削《そ》がれてしまう。

諸葛亮は劉禅に、双方を法律［諸葛亮が中心となって制定した蜀科］に基づき公平に扱うこと、並びに宮中に残す諸葛亮の信任する侍中［皇帝の側近官の最高位］の郭攸之・費禕と侍郎［皇帝の側近官で侍中に次ぐ］の董允の助言を聞き、軍事は中部督［中《ちゅう》領軍《りょうぐん》。親衛隊を統率］の向寵に相談するよう求めている。

賢臣に親しみ、小人を遠ざけたことは、前漢の興隆した原因であり、小人に親しみ、賢臣を遠ざけたことは、後漢の衰微した理由でした。先帝ご存命のころ、臣とこのことを議論されるたびに、桓帝《かんてい》・霊帝《れいてい》（の失政）に歎息し、痛恨しないことはありませんでした。侍中・尚書《しょうしょ》（の陳震《ちんしん》）・（丞相留府《じょうしょうりゅうふ》）長史《ちょうし》（の張裔《ちょうえい》）・（丞相留府）参軍《さんぐん》（の蔣琬《しょうえん》）は、みな誠実善良で死しても節を曲げない者ばかりです。どうか陛下は、かれらを親愛し信頼してください。そうすれば漢室の興隆は、日を数えて待つことができます。

　諸葛亮は、後漢の衰退理由を桓帝・霊帝の失政に求めているが、それは曹操《そうそう》の楽府《がふ》にも見られる当時の共通見解である。現在では、霊帝の軍制などの諸改革は、曹操の先駆となるものとの再評価が行なわれている。尚書は、尚書台《しょうしょだい》の三等官（上に副官の尚書僕射《しょうしょぼくや》・長官の尚書令《しょうしょれい》）であるが、実質的には国務長官にあたる。人事を担当する吏部《りぶ》尚書など五～六名が置かれ、唐《とう》代の六部《りくぶ》へと発展する。丞相留府長史は、成都に残った丞相府の留守を預る幕僚長であり、参軍は、幕僚のことである。

臣はもともと無官の身で、自ら南陽《なんよう》で晴耕雨読の生活をし、乱世において生命を全うするのがせいぜいで、諸侯に名声が届くことなど願っておりませんでした。しかし、先帝は臣の卑《いや》しきことを厭《いと》わず、みずから身を屈して、三たび臣を草盧《そうろ》に顧みられ、臣に当世の情勢をお尋ねになりました。これによって感激し、先帝のもとで奔走することを承知いたしました。そののち（長坂《ちょうはん》の戦いに）大敗を喫し、任務を敗戦の中に受けて、危難の最中に命令を奉じて（孫権との同盟に）尽力し、いままで二十一年が経過しました。

裴注《はいちゅう》に引かれる『魏略《ぎりゃく》』と『九州春秋《きゅうしゅうしゅんじゅう》』は、三顧の礼などなく、諸葛亮から劉備を訪ねた、と伝える。しかし、裴松之《はいしょうし》は、ここに「三顧」が明記されていることを理由に、前二著の記事を否定する。「表」とは、公開を前提とする上奏文であり、そこに嘘を書くことはできないからである。

ちなみに、諸葛亮が居住していた隆中《りゅうちゅう》は、南陽郡鄧県《とうけん》であるが、建安《けんあん》十三（二一〇八）年、曹操が荊州を領有すると、襄陽郡鄧県とされた。『資治通鑑《しじつがん》』などで諸葛亮が住んでいた場所を襄陽の隆中とするのは、正しくない。襄陽郡に鄧県が編入された段階では諸葛亮は、隆中に住んでいないし、曹操が定めた南陽から襄陽への変更に諸葛亮が従う必要はないからである。したがって、現在の河南《かなん》省南陽市にある臥龍崗《がりょうこう》ではなく、湖北《こほく》省襄陽市にある古隆中《こりゅうちゅう》と称する遺跡こそ、諸葛亮の旧居である。

先帝は臣の慎み深いことを認められ、崩御されるにあたり臣に国家の大事をまかされました。ご命令を受けてより、日夜憂悶《ゆうもん》し、委託されたことへの功績をあげず、先帝のご明哲を傷つけることを恐れています。そのため五月に瀘水《ろすい》を渡り、不毛の地（である南中）にも入りました。いま南方はすでに平定され、軍の装備もすでに充足しましたので、三軍を励《はげ》まし率《ひき》いて、北に向かって中原の地を平定するべきであります。願わくは愚鈍《ぐどん》の才をつくし、凶悪な（魏の）者どもをうち払い、漢室を復興し、旧都（洛陽《らくよう》）に帰りたいと思います。これこそ臣が先帝のご恩に応え、陛下に忠を尽くすために果たさねばならぬ職責なのです。

瀘水は、チベット高原に源を発する長江《ちょうこう》本流の古称で、現在の金沙江《きんさこう》である。北伐して曹魏を滅ぼし、漢室を復興して洛陽に帰ることを掲げたあと、傍線部の「これこそ臣が先帝のご恩に応え、陛下に忠を尽くすために果たさねばならぬ職責」と述べる一文が、「出師の表」の眼目である。すべての軍事行動は、陛下劉禅への忠のために行なわれることを高らかに宣言する文が「出師の表」なのである。古来、「忠」を代表する文章とされてきた理由はここにある。

利害を斟酌《しんしゃく》し、進み出て忠言を尽くすのは、郭攸之・費禕・董允の任務です。どうか陛下には臣に賊を討伐して漢室を復興することをおまかせください。もし功績があがらなければ、臣の罪を処断して、先帝の御霊《みたま》にご報告ください。もし徳を盛んにする言葉がなければ、郭攸之・費禕・董允たちの怠慢を責め、その罪を明らかにしてください。陛下もまた必ず自ら考え、善き道を採ろうとし、正しい言葉を受け入れて、深く先帝のご遺言に沿うようにご努力ください。臣は大恩を受け感激にたえません。いま遠く離れようとするに当たり、表を前にして涙が流れ、申し上げる言葉を知りません（『三国志』巻三十五　諸葛亮伝）。

「出師の表」は、晋の李密《りみつ》の「陳情表《ちんじょうひょう》」が「孝」、唐の韓愈《かんゆ》の「祭十二郎文《さいじゅうにろうぶん》」が「友」を代表することに対して、「諸葛亮の出師の表を読んで涙を堕《おと》さない者は、その人必ず不忠である」（安子順《あんしじゅん》の言葉）と言われたように、「忠」を文章する名文として、『文選《もんぜん》』にも収録されて読み継がれてきた。

たしかに、「忠」という語彙が五回使用され、漢室復興のための北伐を先帝に受けた恩に報い、陛下に忠を尽くす職責と位置づける一文が表の中心であるため、「出師の表」は、諸葛亮の「忠」が煌《きら》めく文章であると言えよう。ただし、諸葛亮の「忠」は、文中に十三回も登場する先帝劉備への追憶に支えられ、七回しか登場しない陛下「劉禅」への「忠」は、劉備との結びつきの延長として尽くされる「忠」であることには留意したい。

一方、先帝の多用と並んで、「宜《よろ》しく」が六回、「必ず」「願はくは」と合わせると十回に及ぶ劉禅への注文からは、先帝の権威を借りて、諸葛亮が留守中の劉禅に訓導を行なおうとしている姿勢を見ることができる。そのなかで諸葛亮は、自らが信任する宮中の侍中たちと丞相府を預かる留府長史たちに国務を相談することを繰り返し述べている。

このため、およそ典雅ではない印象を受けることについては、陳寿が『諸葛氏集《しょかつししゅう》』を編纂した際の上奏文の中で、次のように弁明している。

論者の中には、諸葛亮の文章がきらびやかでなく、あまりにも繰り返しが多く、すべてにわたって配慮し過ぎていることを訝《いぶか》しむ者があります。臣が考えますに、皋陶《こうよう》は大いなる賢者であり、周公旦《しゅうこうたん》は聖人ですが、かれらの文を『尚書《しょうしょ》』にみますと、皋陶の謨《ぼ》は簡潔にして優雅であり、周公旦の誥《こう》は煩瑣《はんさ》にして周到です。

その理由は、皋陶は舜《しゅん》・禹《う》（という聖君主）を相手に語っており、周公旦は群臣（という凡人たち）に対して誓っているからであります。諸葛亮が語りかけた相手は、すべて民や凡士ですから、その文旨は深遠とは成り得ないわけです。しかしながら、その教訓や遺言は、すべて万事に正しく対処したもので、公正誠実の心は、文章ににじみ出ており、諸葛亮の意図を知るのに充分であり、現代においても有益なものが含まれています。

陳寿と同様に張華《ちょうか》に評価された陸機《りくき》は、文学の価値を儒教と同等に置いていた。そうした時代の流れから見ると、諸葛亮の「出師の表」は純朴に過ぎ、装飾に欠ける文章と言わざるを得ない。それを陳寿は、凡庸《ぼんよう》な劉禅に語りかけているからこそ、繰り返しが多く、典雅な言葉遣いの少ない卑俗《ひぞく》な文章になっている、と説明するのである。『諸葛氏集』を編纂した、当該時代の諸葛亮研究の第一人者である陳寿の思いが込められた文章と言えよう。

こうした諸葛亮の配慮が通じたのか。幸いにして、劉禅は諸葛亮を固く信じ、輔弼《ほひつ》の臣下の言に従い続けた。「亡国の暗君」として有名な劉禅であるが、諸葛亮を「相父《しょうほ》」「丞相である父」と慕い、全く疑わなかったことは、諸葛亮が忠臣として生を全うできた大きな要因である。

3 街亭の戦い

建興五（二二七）年、諸葛亮は劉禅に出師の表を奉ると、五万の兵を率いて漢中に駐屯した。本陣を置いた漢中と曹魏の支配する関中《かんちゅう》平原との間には、三〇〇〇メートルを超える秦嶺《しんれい》山脈が連なり、行く手を阻《はば》む。山間を抜け関中に達する道には、子《し》午道《ごどう》・駱谷道《らくこくどう》・褒斜道《ほうやどう》・故道《こどう》・関山道《かんざんどう》があった。子午道は漢中と長安《ちょうあん》を結ぶ最短の道で、駱谷道はその西を並行して走る。褒斜道は褒水《ほうすい》に沿って北に進み郿《び》へと到る道であり、褒斜道が関中平原に抜ける所に五丈原《ごじょうげん》がある。故道は、散関《さんかん》を経て関中西辺の要衝である陳倉《ちんそう》へ通じ、関山道はさらに西方の天水《てんすい》郡にぬける比較的平坦な道であった。

当初、諸葛亮の「草廬対」では、益州から長安を攻めるだけではなく、荊州から洛陽を目指す予定であった。関羽が殺され、劉備が敗れて、荊州は失われた。それでも諸葛亮は、両面作戦を模索し、関羽を救援しなかったため、劉備に怨まれて曹魏に亡命し、曹丕《そうひ》に寵愛されたが、その死後、自らの地位に不安を持っている孟達《もうたつ》に、曹魏に背いて呼応するよう説得した。工作は成功し、孟達は反乱を起こしたが、瞬く間に司馬懿《しばい》によって平定されてしまう。諸葛亮が、二正面作戦に固執《こしつ》したのは、秦嶺山脈を越えるためには、桟道《さんどう》という危険な道を通らざるを得ないことが理由であった。

　それでも、諸葛亮は、北伐を敢行《かんこう》した。建興六（二二八）年、諸葛亮四十八歳の時である。勇猛で知られる魏延《ぎえん》は、子午道を通って一挙に長安を落とす作戦を主張した。

　しかし、この作戦は成功すれば果実は大きいが、挟撃されると桟道を焼かれて全滅する危険性も高い。諸葛亮はこれを採用せず、桟道が少なく大軍を動かすために最も安全な関山道を通って、天水郡の攻略を目指し、趙雲《ちょううん》と鄧芝には、褒斜道から郿をうかがう陽動作戦を行なわせた。

　この作戦は功を奏し、曹真《そうしん》が主力を郿に集めている隙に天水郡を占領、南安《なんあん》・安定《あんてい》郡をも支配し、涼州《りょうしゅう》を分断することに成功した。曹魏の明帝《めいてい》は、自ら長安に出陣するとともに、孫呉戦線にいた張郃《ちょうこう》を呼び返して涼州を救援させる。諸葛亮の本軍が西に向かって涼州を陥落させるまで、張部を食い止めることができれば、張部を全軍で迎え撃つことができる。張部を食い止められなければ、涼州の軍と張部に挟み打ちにされ、諸葛亮の本軍は大敗することになろう。諸葛亮は、張部を食い止める場所を街亭《がいてい》と定め、ここで愛弟子《まなでし》の馬謖を起用する。

馬謖は、天水郡東北の街亭で張部を迎え討ったが、策に溺《おぼ》れて水のない山上に布陣した。諸葛亮は馬謖に、「山上に陣取るな」と命じて出陣させた。街道を守れば、少数の兵でも大軍を防げるためである。ところが馬謖は、大勝を求めて命

蜀の桟道

令を無視し、山上に陣を布いた。諸葛亮の後継者と周囲に認めさせるためには、亮に命ぜられた以上の戦功を挙げたいと焦ったのである。副将の王平《おうへい》は、諸葛亮の指示どおり、街道に陣を布くよう再三諫《いさ》めるが、馬謖は聞く耳を持たない。

街亭に到着した張郃は、山上に馬謖軍がいることを見て、水を断ち、水を断たれた馬謖軍の士気が下がると攻撃を仕掛け、大いに馬謖を打ち破った。しかし、王平の軍が軍鼓《ぐんこ》を打ち鳴らし整然と踏みとどまったので、張郃は伏兵を警戒して追撃を断念した。馬謖の失態により、第一次北伐は失敗し、諸葛亮は軍をまとめて漢中に戻り、涙を振るって責任を問い、馬謖を斬った。また、自らも罰して三等下げて右《ゆう》将軍となり、敗戦の責任を明らかにした。

4　泣いて馬謖を斬る

諸葛亮の北伐は、緒戦《しょせん》からつまずいた。結局、この後、街亭での失敗を取り戻すことはできなかった。敗戦の最も大きな原因は、諸葛亮による馬謖の抜擢にある。劉備は臨終の折、諸葛亮に「馬謖はいつも実力以上のことを口にしている。重く用いることはできない。君もその点を十分に考えるとよい」と忠告していた。街亭の守将には、魏延か呉懿《ごい》が任命されると周囲も考えていたという。

それでも、諸葛亮は馬謖に重任を授けた。馬謖の兄で「白眉」と称えられた馬良は夷陵の戦いで死去し、龐統《ほうとう》も入蜀の際に戦死し、徐庶《じょしょ》は曹魏に仕えており、荊州襄陽で諸葛亮と勉学に励んだ旧友は、数少なくなっていた。そうした中、馬謖だけが、諸葛亮の傍らできらめく才能を見せ続けていたのである。長期戦化するであろう曹魏との戦い、四十八歳の諸葛亮は自分の後継者と成り得る若い才能に賭けたのである。

だからこそ諸葛亮は、「泣いて馬謖を斬」らざるをえなかった。荊州人士の馬謖の失敗を諸葛亮が庇《かば》えば、益州人士の支持の上に成り立っている蜀漢政権は瓦解《がかい》してしまうのである。実は荊州人士の向朗《しょうろう》が、すでに馬謖を庇って損害を大きくしている。蜀漢は、曹魏・孫呉よりもその成立が遅れた。しかも、支配する領土は益州一州に過ぎない。公正な政治を行なって、益州の人々の支持を受けなければ滅亡してしまうのである。

そうした危機感の中で、諸葛亮は馬謖を斬り、向朗を免官して、自らをも罰して丞相から右将軍へと退き、益州に敗戦を侘《わ》びた。こうしなければ蜀漢は立ち行かなかったのである。諸葛亮は、法に基づき公平に、そして誠実に政務をこなしていった。

第十二戦

五《ご》丈《じょう》原《げん》の戦い

（諸葛亮VS司馬懿　二三四年）

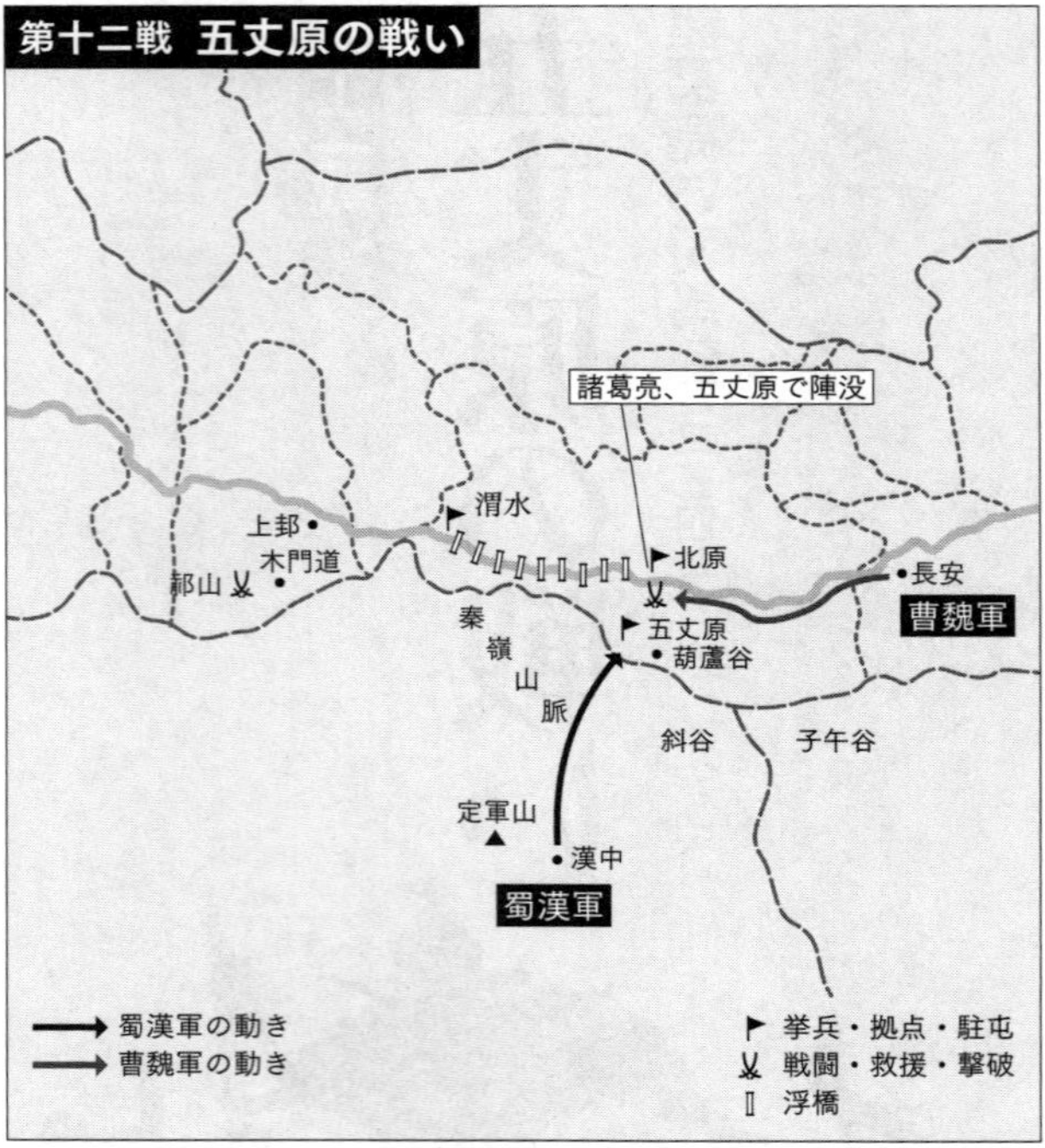

＜概要＞

街亭の戦いの敗北により、北伐は緒戦でつまずいた。愛弟子の馬謖を斬り、自らの敗戦の責任も明らかにした諸葛亮は、第二次北伐を開始する。

1　死して後已《や》む

建興《けんこう》六（二二八）年、第二次北伐に際して、諸葛亮《しょかつりょう》が上奏したという「後出師《こうすいし》の表《ひょう》」は、古来、真偽の議論が喧《かまびす》しい。陳寿《ちんじゅ》の『諸葛氏集』・『三国志』には収録されず、孫呉《そんご》の大鴻臚《だいこうろ》であった張儼《ちょうげん》『黙記《もくき》』により伝わり、表中の趙雲《ちょううん》の死亡年が『三国志』の記述と異なることもあって、古来、偽作の疑いが掛けられてきたのである。

しかし、曹魏《そうぎ》への現状認識、先帝という言葉の頻度、「賊である曹魏を伐たなければ王業は滅びてしまう」という北伐の意義表明、そして「ひたすら死力を尽くし、死ぬまで勤めて片時もやめない（鞠躬尽力《きくきゅうじんりょく》し、死して後已《や》む）」という北伐への強い決意は、諸葛亮の真作と判断するに足る内容を含んでいる。途中を省略しながら掲げておこう。

後出師の表

今はなき先帝［劉備《りゅうび》］は、漢《かん》［蜀漢］と賊［曹魏］とは両立せず、漢室復興という王業を達成するため、西辺の地［蜀］に安住すべきではないとお考えになり、わたし〔諸葛亮〕に曹魏を伐つことを委託されました。もとよりわたしの才能が拙く、敵の力が強大であることは、ご承知でありました。しかし、曹魏を伐たない限りは、王業は達成できません。ただ何もしないで滅亡を待つよりは、曹魏討伐を敢行《かんこう》すべきでしょう。このためわたしに委託して少しも疑われなかったのです。わたしは先帝の遺命を受けてより、寝食を忘れ、ひたすら北伐のことだけを思いました。まず南方を安定させるべきだと考え、先年五月、濾水《ろすい》を渡り草木も生えぬ南方の地に入り、苦労の末、蛮夷《ばんい》を平定致しました。

わたしは、決して我が身が可愛くないわけではありません。しかし考えますに王業は、蜀のような西辺の地に安閑としているべきではないのです。それ故に危険を冒してまで先帝のご遺志を奉じているのであります。……。臣《わたくし》は慎んで力を尽くし、死ぬまで貫き通します。成功するか失敗するか、勝利を得るか敗北するかは、わたしの洞察力では予測することができるものではありません（『三国志』巻三十五　諸葛亮伝注引張儼『黙記』）。

「表」には諸葛亮の北伐への思い、そして先帝への忠がほとばしっている。しかも、表の最後の部分に記された、「鞠躬盡力し、死して後已む（慎んで力を尽くし、死ぬまで貫き通します）」との決意は、劉備の遺言へ諸葛亮が答えた言葉の中にある「之《これ》に継《つ》ぐに死を以《もっ》てせん」という表現に呼応している。

先帝という言葉の使用頻度も、「出師の表」と同様に高い。さらに、兄の子である諸葛恪《しょかつかく》が、近ごろ家の叔父（諸葛亮）の賊と戦うための表を読んだが、「喟然《きぜん》として嘆息《たんそく》せずにはおられなかった」と述べている。曹魏との戦いを反対されていた諸葛恪が「喟然として嘆息」する内容としては、「後出師の表」の方が相応しい。

これらを考えあわせると、「後出師の表」が諸葛亮の自作である蓋然性《がいぜんせい》は高く、甥の諸葛恪も読んでいるように、兄の諸葛瑾《しょかつきん》に送ったとすれば、それが孫呉に伝わっていたことも不自然ではない。そうであれば、孫呉の張儼の『黙記』によって、記録されたことの説明もつくのである。

「鞠躬」は、身をかがめて敬い慎むことで、『論語《ろんご》』郷党《きょうとう》篇を典拠とし、「死して後已む」も、『論語』泰伯《たいはく》篇を典拠とする。後者は、曾子《そうし》が仁を体得し実践していくことの任の重さと道の遠さを述べた有名な文章で、徳川家康《とくがわいえやす》の「人の一生は重き荷を負ひて遠き道を行くが如し。急ぐべからず」という遺訓の典拠にもなっている。その重き荷とは、曾子には仁であり、諸葛亮には北伐とその結果としての「聖漢」の「大一統《だいいっとう》」であった。

ただし、この文章はそれが「成功するか失敗するか、勝利を得るか敗北するかは、わたしの洞察力では予測することができるものではありません」と終わる。「草廬対《そうろたい》」に見られた圧倒的な自信は影をひそめ、「出師の表」に見られる強い決意も全面的には展開されない。

省略した部分で繰り返されているのは、高祖劉邦《こうそりゅうほう》、劉繇《りゅうよう》と王朗《おうろう》、曹操、関羽《かんう》の失敗例と、趙雲をはじめとする失った精鋭部隊への嘆きである。陳寿が、これを『諸葛氏集』にも『三国志』にも収録しなかった理由は、全体に立ち込める悲壮《ひそう》感を嫌ったことにあろう。

それでも、諸葛亮の「聖漢」による「大一統」の志が、折れることはなかった。幾多の困難を掲げながらも、そして成功への確信が持てなくとも、それは死ぬまでその重任を担い続けねばならない理想であった。「聖漢」の滅亡時に生まれた諸葛亮の運命と言い換えてもよい。諸葛亮は、病に冒された身体に鞭《むち》打って、漢中を拠点に北伐を続けていく。

2　木牛・流馬と屯田

建興六（二二八）年五月、曹魏が石亭《せきてい》で孫呉に大敗を喫《きっ》したことを機に、十一月に開始された第二次北伐は、故道《こどう》を通り散関を越え、陳倉《ちんそう》を攻撃した。曹魏の守将は郝《かく》昭《しょう》であった。難攻不落の陳倉攻略のため、諸葛亮は雲梯《うんてい》と呼ばれる梯子《はしご》車や、城門を破壊する衝車《しょうしゃ》を利用した。さらに、井闌《せいらん》という櫓《やぐら》から城内に矢を浴びせ、土を運んで堀を埋め、激しく攻めたてたが、二重の城壁に阻まれた。最後には、トンネルを掘って地下からも攻めたが、郝昭はすべてに怠《おこた》りなく対応し、諸葛亮も万策が尽きた。

長安《ちょうあん》から曹真《そうしん》が援軍を率いて押し寄せ、自軍の兵糧も底をついたため、諸葛亮はあきらめて兵を引いた。当時の武器の能力では、城を陥落させるためには、多くの日数が必要であった。しかし、補給の困難さは、十分な日数を諸葛亮に与えなかったのである。

漢中に戻った諸葛亮は、運搬手段の工夫に意を尽くした。木牛《もくぎゅう》・流馬《りゅうば》である。木牛・流馬は、陳寿が『諸葛亮集』に具体的な数値を書き残している割には、実態はつかめていない。宋代《そう》の『事物紀原《じぶつきげん》』は、木牛をながえを付けた小さい車、流馬を一輪車であるとし、それ以外にも多くの説が出されているが、詳細は不明である。いずれにせよ、これが兵糧補給に役立ったことは間違いない。しかし、漢中から五丈原《ごじょうげん》まで褒斜道《ほうやどう》で五百里（二〇〇km）ある。一日に二十里（八km）しか進めない木牛では、往復に五十日もかかる。蜀の桟道を越えて補給を行なうことは、かくも困難なことなのであった。

建興七（二二九）年、諸葛亮は、曹魏の武都《ぶと》郡・陰平《いんぺい》郡を陳式《ちんしょく》に攻撃させた。実は、第二次北伐は、第三次北伐のための陽動作戦であった。第一次北伐によって、涼《りょう》州《しゅう》を経由すれば桟道を避けて、漢中から長安に向かえる、すなわち、長安から漢中に攻め込めることを見せてしまったため、その通り道を塞ぐ必要があった。加えて、この地方には、チベット系の異民族である氐《てい》族・羌《きょう》族が居住していたので、かれらを味方につける目的もあった。曹魏は、郭淮《かくわい》を派遣して陳式を迎え撃たせた。そこで、諸葛亮は自ら軍を率い、郭淮を退ける。この功績により、諸葛亮は右将軍から再び丞相の地位に返り咲いた。

第三次北伐は、諸葛亮の慎重な戦略の典型である。武都・陰平の二郡は、北伐ルートの後方にあたる。自己のすべてを賭けて、乾坤一擲の勝負を挑むのであれば、二郡などは打ち捨てておき、ひたすら曹魏の首都洛陽《らくよう》を目指すべきであろう。しかし、諸葛亮は二郡の確保を重視した。攻めながらも、守っているのである。国力の劣る蜀漢は、曹魏に攻勢をかけながらも、つねに守りを意識して北伐を進めていく。守備の拠点を攻撃して獲得した第三次北伐は、「攻撃は最大の防御」という言葉が当てはまる。

建興八（二三〇）年、国力の回復を目指して北伐を休止していたこの年、逆に曹魏が攻め込んできた。曹真が斜谷道《やこくどう》、張郃《ちょうこう》が子午道《しごどう》、司馬懿《しばい》が西城《せいじょう》から漢中を脅かす。諸葛亮は、楽城《らくじょう》で曹魏軍を待ち受けるとともに、李厳《りげん》に二万の兵を率いて、漢中救援に来るよう命じた。しかも、後任の江州《こうしゅう》都督には息子の李豊《りほう》を任命して李厳の勢力を守るという配慮を見せながらである。それでも李厳は、言を左右にして兵を動かさなかった。大雨で曹魏軍が撤退したため事なきを得たが、許し難い命令違反である。李厳は諸葛亮を妬《ねた》んでいたのである。

建興九（二三一）年、諸葛亮は第四次北伐を行なった。今回は、木牛を利用して兵糧を輸送した点に工夫が見られ、関山道《かんざんどう》を通り祁山《きざん》を包囲した。諸葛亮はこの戦いで初めて宿敵の司馬懿と直接対決することになった。第五次へと続く司馬懿との戦いの中で、諸葛亮は命を落とし、司馬懿はその功績で西晋《せいしん》建国の基礎を築く。宿敵と呼ぶにふさわしい相手である。

諸葛亮が祁山を包囲すると、司馬懿は、拠点である上邽《じょうけい》を費曜《ひよう》に守らせ、自ら祁山に向かった。諸葛亮は裏をかいて、祁山の包囲をゆるめて上邽を攻撃、費曜を打ち破った。そして、諸葛亮は上邽の麦をすべて刈り取った。目の前で自国の麦を奪われながら、司馬懿はなお動こうとしない。

諸葛亮は、わざと軍を引いて敵の出足を誘う。司馬懿は、これを追い鹵城《ろじょう》に至るが、進軍を止めてしまう。曹魏の諸将は、納得できず司馬懿に戦いを迫る。やむなく司馬懿は、諸葛亮率いる主力軍との決戦に向かった。諸葛亮は、魏延らに迎撃させ、散々に打ち破って大勝を得た。しかし、兵糧が続かず、またもや撤退した。

原因は、李厳の怠慢《たいまん》と非協力にあった。李厳は、諸葛亮が才能を高く評価した荊州名士である。高い能力を持つ李厳でも、蜀の桟道を通って兵糧を補給する作業は困難を極めた。その失敗は仕方がなくはない。しかし、李厳は補給の失敗をごまかそうとした。こうした行為を諸葛亮は最も嫌う。李厳は罪に問われ、庶民に落とされた。しかし、処罰されても李厳は、諸葛亮がいつか許してくれることを信じていた。やがて、諸葛亮が死去したことを聞くと、李厳は病死する。自分が用いられる日は二度とこないであろうと。

3　五丈原の戦い

建興十二（二三四）年、諸葛亮は孫呉に使者を派遣し、挙兵を促すとともに、四月、十万の兵を率いて褒斜道より五丈原に軍を進めた。今までの北伐が兵糧の不足に苦しんだことに鑑み、木牛・流馬で運搬に当たったほか、斜谷水の河辺に土地を開墾し、付近の農民とともに屯田《とんでん》を行なって、兵糧の確保に努めた。五丈原の蜀漢軍に対して、曹魏軍を率いる司馬懿は、国城《こくじょう》から渭水《いすい》の南岸に渡り、土塁を築いて本陣を設けた。背水の陣となる。慎重な司馬懿が、あえて渭水を渡った理由は、南岸の食糧貯蔵庫を守ることと、全軍の士気の高揚とにあった。諸葛亮は、渭水を渡り北岸に出て、長安に東進したかったが、自ら指揮をしない別動隊では、郭淮に守られた北岸に渡ることはできなかった。

有能であるがゆえに諸葛亮は、すべての仕事を自分で背負いこんだ。本来、丞相という国家全体の責任者が、軍を率いて自ら戦う必要などはないのである。劉備が理想とした前漢の劉邦、その丞相である蕭何《しょうか》は、内政に専念して一度も戦闘に参加したことはない。武将の韓信《かんしん》が宿敵項羽《こうう》を撃破したのである。諸葛亮は、蕭何の仕事をしながら、韓信の役割まで果たそうというのである。

あまりの激務ぶりに、見かねた部下が「すべての仕事を気にかけることはお止め下さい」と進言したことがある。自分を心配してくれる部下の言葉に、諸葛亮は喜び、感謝をしたのだが、結局はすべての仕事をこなし続けた。責任感がかれを駆り立てたのである。諸葛亮の死後における蜀漢の急速な衰退は、かれの能力の高さと役割の大きさを物語る。国家経営に責任を持ち、誠実に仕事を続けてきた諸葛亮は、最後の気力を振り絞り、司馬懿に決戦を挑む。

五月、諸葛亮期待の孫呉軍は、曹魏の明帝《めいてい》に撃退された。孫呉軍敗退の報を聞き、焦る諸葛亮に司馬懿は持久戦を強いた。動こうとしない司馬懿に、諸葛亮は婦人の頭巾と着物を贈りつけ、戦う勇気の無さを辱《はずかし》めた。司馬懿は、まったく動じない。無用な挑発によって、諸葛亮は焦りを司馬懿に見透かされた。

また、司馬懿は、諸葛亮からの使者に、諸葛亮の執務ぶりを尋ねた。寝食を忘れた仕事ぶりと食事の少なさから、その死去が近いことを悟ったという。果たして、八月、病魔に冒された諸葛亮は、自陣に落ちてくる星を自分の将星《しょうせい》［守り星］であると指差し、巨星の落下とともに陣没した。享年五十四歳であった。

4　天下の奇才

諸葛亮が手塩にかけた蜀漢軍は、諸葛亮の喪《も》を発せず、静かに漢中に引き上げていった。急な陣払いに付近の住民は、曹魏の陣中に来て口々に蜀漢軍の異変を告げる。

司馬懿は、さっそく追撃した。ところが、諸葛亮の生前の指示に基づき、楊儀《ようぎ》が軍旗を翻《ひるがえ》し、太鼓を鳴らして曹魏軍を迎え撃ったので、司馬懿は軍を返した。その隙に、楊儀は漢中へと退却した。

数日後、司馬懿は諸葛亮の残していった軍営を見、その布陣をくまなく観察した。「諸葛亮こそは天下の奇才である」。これが司馬懿の諸葛亮への評価である。敵中に知己《ちき》を得たと言うべきであろうか。また、付近の住民は、司馬懿が伏兵を警戒して軍を退却させたことを、「死せる諸葛、生ける仲達《ちゆうたつ》［司馬懿の字《あざな》、葛

諸葛亮墓（漢中）

と達で韻を踏む」を走らす」と言い囃《はや》したという。諸葛亮の遺骸《なきがら》は、遺言どおり定軍《ていぐん》山《さん》に葬られた。生前の暮らしもつつましやかであった諸葛亮は、墓所もとくに塚を築くことをしなかった。家には、余分な財産は残されていなかったという。

西晋の建国者である司馬炎《しばえん》は、諸葛亮の遺文を陳寿がまとめた『諸葛氏集』を高く評価した。司馬炎の祖父である司馬懿最大の功績は、諸葛亮の侵入を防いだことにある。諸葛亮の能力が秀でていないと、司馬懿の功績が小さくなるのである。

ちなみに、武帝《ぶてい》の父である司馬昭《しばしょう》もまた、蜀漢を滅ぼした後に、諸葛亮が残した陣形や軍隊の運用方法をわざわざ人を派遣して学ばせている。これが、曹魏の正統を受け継ぐ西晋において、旧蜀漢臣下の陳寿が『三国志』を執筆できた理由である。

したがって、陳寿の『三国志』は、『諸葛氏集』をその中核に置く。『演義』をはじめとする「三国志」の物語は、すべて陳寿の『三国志』から発展したものである。それらの物語が、五丈原で諸葛亮が陣没すると、話が終わってしまう、と感じられるのは、必然なのである。もともと、五丈原で諸葛亮を司馬懿が防いだことを宣揚するために書かれた史書から発展した物語なのである。吉川英治《よしかわえいじ》が『三国志』を五丈原で事実上、終わらせたことと同じように、本書も五丈原の戦いによって、筆を擱《お》くことにしたい。

さらに深く知りたい人のために

軍事制度

・浜口重国『秦漢隋唐史の研究』上・下（東京大学出版会、一九六六年）
直接、三国時代に触れることは少ないが、中国古代の軍事制度の基本は、この研究書で明らかにされている。

・石井仁『曹操　魏の武帝』（新人物往来社、二〇〇〇年）
三国時代の軍事制度の第一人者の著作。概説書であるが、その豊富な知識の一端を窺い得る。現在、研究書をまとめており、それが出版されれば、三国時代の軍事制度研究の最先端の成果となる。

兵法書の翻訳

・中島悟史『曹操注解――孫子の兵法』（ビジネス社、一九九八年）

『孫子』の魏武注［曹操の注］を翻訳したとするが、原文に忠実ではない。もう少し厳密に翻訳すべきであろう。

・守屋洋（編訳）『諸葛孔明の兵法』（徳間書店、一九七七年）

明代に編纂された『諸葛亮集』から軍事に関わるものを翻訳したものである。宋代以降の偽作が多く含まれるにもかかわらず、それを指摘していないことは惜しまれる。

政治と社会

・渡邉義浩『「三国志」の政治と思想』（講談社選書メチエ、二〇一二年）

三国時代の研究書である『三國政權の構造と「名士」』（汲古書院、二〇〇四年）、及びそこに含まれない論文を一般向けに書き直した本。

・渡邉義浩『三國志研究入門』（日外アソシエーツ、二〇〇七年）

少し古くなったが、三国志に関する研究動向は、この本に整理している。

三国志　人名一覧

袁術　字は公路。汝南郡汝陽県の人。四世三公の名門袁逢の嫡子で、庶子の袁紹とは不仲。一時は権勢を誇り、孫堅を配下として、袁紹と二大勢力を形成した。寿春で即位したが、敗戦を繰り返し、惨めな最期を遂げる。

袁紹　字は本初。汝南郡汝陽県の人。四世三公の名門袁逢の庶子。曹操とは何顒を中心とするグループで旧知の仲。反董卓連合の盟主となり、冀州を拠点に公孫瓚を破って、河北を統一。官渡の戦いで曹操に大敗し、失意のうちに病没。

王允　字は子師。太原郡祁県の人。若くして「一日千里、王佐の才」と評価された後漢の司徒で、董卓暗殺の立役者として後世に名を残した。

賈詡　字は文和。武威郡姑臧県の人。董卓の死後、李傕と郭汜に長安を奪回させ、やがて張繡の軍師となる。劉表と結び、また知略により曹操を苦しめたが、その後、張繡を説得して曹操に降服。馬超討伐では韓遂と馬超との仲を切り裂く離間の計を立案した。

郭嘉　字は奉孝。潁川郡陽翟県の人。袁紹の配下であったが、荀彧の推挙により曹操に仕える。官渡の戦いでは、袁紹の十の弱点を掲げて曹操に勝利を確信させ、袁紹の子を分裂させ一気に滅ぼす策を進言し、曹操に最も寵愛された。

郭汜　郭汜は、董卓配下の校尉。董卓の横死後、李傕と残兵を率いて長安を攻め、王允を殺害して呂布を放逐、政権を奪取する。李傕との内紛の際、献帝に逃げられ、のち部下に殺された。

郝昭　字は伯道。太原郡の人。雲梯・井欄を用い、地突を行なうなど様々な手段で攻撃してくる諸葛亮を、陳倉の守将として撃退した。

郭淮　字は伯済。太原郡陽曲県の人。夏侯淵の司馬として漢中で活躍。のち関中平定に功績があり、諸葛亮の北伐とも戦った。

夏侯淵　字は妙才。沛国譙県の人。夏侯惇の従弟。曹操挙兵時からの宿将。急襲を得意とするが、その猪突猛進ぶりを曹操から諌められていた。曹操の心配どおり、定軍山で黄忠に斬られた。

夏侯惇　字は元譲。沛国譙県の人。曹操の従弟にあたる。曹操挙兵時からの腹心で、乱戦の中片目を失った。専ら後方補給と本拠地の守備を担当する、曹操の信頼が最も厚い武将であった。曹丕が即位すると大将軍となり最高位に就いた。

賈充　字は公閭。平陽郡襄陵県の人。魏の高貴郷公曹髦が司馬昭から奪回しようとした際、成済に命じて皇帝を弑殺させた。西晋司馬炎の佐命の功臣となり、娘の賈南風は恵帝の皇后となった。

何進　字は遂高。南陽郡宛県の人。霊帝の皇后である何氏の兄。宦官誅滅を謀ったが、事前に察知した中常侍の張譲たちに宮中におびきよせられ、殺害された。

関羽　字は雲長。河東郡解県の人。劉備の宿将で、兄弟同然の仲。曹操に捕らわれても劉備への忠誠を捨てず、劉備のもとへ帰参した。赤壁の戦いの後、荊州を守備したが、配下の裏切りもあり、挟撃されて非業の最期を遂げた。

毌丘倹　字は仲恭。河東郡聞喜県の人。曹魏の明帝の命を受けて、遼東の公孫淵を討伐したが、撤退、のち司馬懿の指揮下で公孫氏を滅ぼすことに功績があった。

韓当　字は義公。遼西郡令支県の人。孫堅に仕え、孫策の江東平定に功績があった。孫権のもと赤壁の戦いで活躍し、夷陵の戦いでも功績があった。

甘寧　字は興覇。巴郡臨江県の人。はじめ劉表の部将黄祖に仕えたが厚遇されず、周瑜の推薦で孫権に仕えた。曹操が濡須口へ侵攻した際に、百名を率いて夜襲をかけ、曹操軍を混乱させた。

魏延　字は文長。義陽郡の人。荊州より劉備に仕え、漢中都督に抜擢された。諸葛亮の北伐でも活躍したが、亮の死後、反乱を起こし馬岱に斬られた。

姜維　字は伯約。天水郡冀県の人。祁山に進出した諸葛亮に魏から帰順。諸葛亮の高い評価を受け、その死後、北伐を継承する。蜀漢滅亡時には、鍾会をそそのかし、蜀漢の復活を試みるが殺害された。

許劭　字は子将。汝南郡平輿県の人。人物鑑定に優れ、若き日の曹操を評価した。毎月のはじめに人物評論を行ない、「月旦評」と呼ばれた。

許攸　字は子遠。南陽郡の人。汝南郡を名声の場とする何顒グループで、袁紹・荀彧・曹操らと知り合い、袁紹の幕僚となった。官渡の戦いの際に、曹操に寝返り、烏巣襲撃を進言した。

献帝　劉協。後漢最後の皇帝。霊帝の次子で、九歳で即位する。しかし、朝政は董卓に掌られ、強制されて長安に遷都する。洛陽に帰還したのち、曹操を頼って許に遷都したが、曹操の死後、魏王曹丕に帝位を禅譲し、山陽公となった。

呉懿　字は子遠。陳留郡の人。妹が劉備に嫁ぎ、皇后に立てられた（穆皇后）。諸葛亮の死後、車騎将軍として漢中を守った。

黄蓋　字は公覆。零陵郡泉陵県の人。孫堅・孫策・孫権の三代に仕えた。赤壁の戦いで火攻めを進言、偽降により曹操を欺き、火のついた軍船を突撃させて勝利を得た。

黄皓　蜀漢を滅亡に追い込んだと言われる宦官。劉禅の寵愛を受けて実権を握り、姜維と劉禅との仲を裂いた。

公孫瓚　字は伯珪。遼西郡令支県の人。大儒の盧植に学んだが、学問よりも武力で身を立てた。劉虞を殺害して、幽州を支配。直属軍「白馬義従」の強さにより、袁紹を脅かしたが、界橋の戦いに敗れて滅亡した。

皇甫嵩　字は義真。安定郡朝那県の人。張角の弟である張梁・張宝を撃破して、黄巾の乱を平定した。

孔融　字は文挙。魯国魯県の人。孔子の二十世孫で、「建安の七子」の一人に数えられる文章の名手。曹操を批判し、殺害された。

司馬懿　字は仲達。河内郡温県の人。曹操には警戒されたが、文帝のとき行政の最高位に登り、明帝のとき諸葛亮の侵攻を防いで軍事権を掌握した。一時、曹爽に権力を奪われたが、正始の政変により曹爽を打倒、司馬氏の基盤を作った。

司馬炎　字は安世。西晉の武帝。河内郡温県の人。司馬懿の孫。曹魏から禅譲され西晉を建国し、孫呉を滅ぼして、三国を統一した。暗愚な恵帝に皇帝位を継がせたため、八王の乱を招き、西晉滅亡の原因をつくった。

司馬徽　字は徳操。潁川郡陽翟県の人。宋忠とともに荊州学を担い、また襄陽名士の中心でもあった。諸葛亮と龐統を劉備に推薦している。

司馬師　字は子元。河内郡温県の人。司馬懿の長子。父にもまして、強力に権力掌握を進めた。曹爽の残党である夏侯玄らを誅殺し、皇帝を廃立。それに反発して挙兵した毌丘倹を自ら兵を率いて平定したが、その際に病死した。

司馬昭　字は子上。河内郡温県の人。司馬師の弟として兄の死後に曹魏の実権を掌握した。蜀漢を滅ぼした後、五等爵制を施行して、国家的身分制としての貴族制を成立させた。

周瑜　字は公瑾。廬江郡舒県の人。孫策・孫権に仕え、赤壁の戦いで曹操を撃退した立役者。揚州随一の名家の出身で、周郎（周のおぼっちゃま）と呼ばれ、美男子で音楽の素養もあった。稀代の名将であるが、早く卒した。

朱儁　字は公偉。会稽郡上虞県の人。黄巾の乱の平定に功績があり、董卓の長安遷都に反対した。のち李傕と郭汜の調停に失敗、死去した。

荀彧　字は文若。潁川郡潁陰県の人。何顒より「王佐の才」と評価された。袁紹より曹操に仕え直し、献帝推戴の方策、多くの人材の推挙、官渡の戦いにおける後方支援など勲功第一の働きをした。曹操の魏公就任に反対、自殺した。

淳于瓊　字は仲簡。潁川郡の人。霊帝の設置した西園八校尉の一人として佐軍校尉となった。そののち袁紹の部下となり、官渡の戦いで烏巣を守ったが、曹操の奇襲に敗れた。

荀攸　字は公達。潁川郡潁陰県の人。荀彧の甥。曹操の軍師として、軍略を担ったが口外せず、世に伝わらなかった。

蔣琬　字は公琰。零陵郡湘郷県の人。諸葛亮の北伐では、軍需物資の供給につとめた。亮の死後、蜀漢の政権を担当し、大司馬に至った。

鍾会　字は士季。潁川郡長社県の人。鍾繇の子として神童と称され、司馬昭の腹心となったが、蜀漢を征服した後、反乱を起こして殺害された。

諸葛誕　字は公休。琅邪郡陽都県の人。夏侯玄と親しく、明帝には免職されたが、曹爽政権下で、揚州刺史となった。のち、淮南を拠点に反乱を起こすが、司馬昭に平定された。

諸葛亮　字は孔明。司馬徽を中心とする襄陽グループで荊州学を学び、臥龍と称された。劉備の三顧の礼を受け出廬、草廬対を掲げて基本戦略を定めた。劉備の死後は、劉禅を輔佐し、出師の表を捧げて北伐に赴くが、五丈原で陣没した。

徐庶　字は元直。潁川郡の人。若年のころは剣を得意としたが、一念発起して荊州学を学び、諸葛亮や崔州平と交友した。荊州で劉備に仕えたが、曹操に母を捕らえられ、やむなく曹操に仕えた。

曹叡　字は元仲。曹魏の第二代皇帝（明帝）。曹丕（文帝）と甄皇后の子で、曹操に寵愛されていたが、母が誅殺されたため太子に立てられることが遅かった。諸葛亮が陣没すると、大規模な土木工事で曹魏を疲弊させ、司馬懿を台頭させた。

曹真　字は子丹。曹邵（秦伯南）の子。幼少のころ、父が曹操の身代わりになったため、曹丕と共に育てられた。曹丕が即位すると、鎮西将軍となり、明帝のとき、大将軍として諸葛亮と戦った。

曹仁　字は子孝。曹操の従弟。曹操とともに挙兵し、騎兵を率いた。江陵で周瑜と戦った際には、配下の牛金を救出、樊城を関羽に包囲された時には、援軍が来るまで持ちこたえた。

曹操　字は孟徳。沛国譙県の人。祖父の宦官曹騰の財力と人脈により台頭。董卓を追撃して名士の注目を集め、荀彧らを配下に迎える。官渡の戦いで袁紹を破り華北を統一するが、赤壁の戦いで周瑜に大敗、天下統一は夢と消えた。

曹爽　字は昭伯。曹真の子。明帝に重用され、その死後、司馬懿を抑制しようとしたが、正始の政変で殺害された。

曹丕　字は子桓。曹操の子。魏王の位を嗣ぎ、献帝の禅譲を受け、曹魏の初代皇帝（文帝）となった。関羽に降服した于禁を憤死させ、妻の甄皇后に自殺を命じるなど冷酷な性格も目立ち、後継を争った曹植を圧迫した。

沮授　広平郡の人。袁紹に献帝の擁立を説くが、聞かれず、官渡の戦いの後には、郭図の讒言により監軍として権限を縮小された。

孫堅　字は文台。呉郡富春県の人。十七歳のとき、海賊退治で台頭。陽人の戦いで華雄を斬るが、名士を傘下に納めなかったため根拠地を保有できず、兵糧や軍勢を袁術に依存した。袁術の命で劉表を討ち、不慮の戦死を遂げる。

孫権　字は仲謀。兄孫策の後を嗣ぎ、周瑜・張昭ら名士を中心に据え、安定した政権を築く。赤壁の戦いの際、主戦を唱えた周瑜・魯粛・呂蒙が死去し、降服を唱えた張昭の力が強くなってからは、君主権力の伸長をはかった。

孫晧　字は元宗。孫権の孫で、孫呉最後の第四代皇帝。即位当初は、積極的な中央集権政策を展開したが、その限界を知ったのちに暴君化、西晉に攻撃されると降服、帰命侯に封建された。

孫策　字は伯符。孫堅の長子。父の死後、袁術の命で陸康を攻め、江東名士の中心である陸氏と対立関係を持つに至った。袁術から独立すると周瑜が合流し、江東における孫呉の基盤を築いた。しかし、支配は安定せず、暗殺された。

趙雲　字は子龍。公孫瓚から劉備に仕え直し、騎兵を指揮した。荊州で曹操に敗れた際には、阿斗（劉禅）を救出する。入蜀時には、諸葛亮とともに劉備を助け、漢中争奪戦では曹操の大軍を門を開けて迎え撃ち、劉備から称賛された。

張角　後漢末の太平道と呼ばれる宗教集団の指導者。御札と聖水による治病で勢力を伸長し、漢に代わる「黄天」の到来を掲げて、反乱を起こしたが、まもなく病没。乱も皇甫嵩・朱儁により平定された。

張郃　字は儁乂。はじめ袁紹に仕えたが、官渡の戦いの際に、曹操に降服。街亭の戦いでは、馬謖を撃破した。のち、北伐より撤退する諸葛亮を追撃するよう司馬懿に命ぜられ、木門で戦死した。

張紘　字は子綱。広陵郡の人。戦乱を江東に避け、孫策に仕えて正議校尉となった。孫権にも仕え、秣陵への遷都を献策した。

趙咨　字は徳度。南陽郡の人。孫権が呉王に封建された際、曹魏への使者となり、曹丕の問いに君命を辱めずに答えた。

張昭　字は子布。彭城郡の人。孫策の丁重な招きに応じて配下となった。赤壁の戦いの際には、曹操への降服を唱え、そのため孫権と対立した。それでも、孫呉を代表する「名士」として尊敬を集め、孫権に諫言を続けた。

貂蟬　『三国志演義』の創作人物。西施・王昭君・楊貴妃とともに、中国四大美人に数えられる。董卓と呂布とを仲たがいさせ、呂布に董卓を殺させる連環の計を行なった、とされる。

張飛　字は益徳。涿郡の人。関羽とともに劉備の挙兵より従い、程昱に「一万人に匹敵する」と言われた猛将。荊州で曹操に敗れた時には、長坂橋に一人立ちはだかったという。関羽の仇討ちの準備中、部下に殺害された。

張翼　字は伯恭。犍為郡武陽県の人。諸葛亮に抜擢され、北伐で活躍し、諸葛亮の死後は、姜維の積極策に反対した。それでも姜維とともに剣閣を死守したが、鍾会の反乱の際、死去した。

張魯　字は公祺。漢中に勢力を張った五斗米道の教祖。益州を支配した劉焉とは良好な関係にあったが、その子劉璋とは断交した。のち、曹操が漢中を攻めると、降服して鎮南将軍となり、その信仰を魏に伝えた。

陳宮　字は公台。東郡の人。黄巾と戦って刺史が戦死した兗州に、曹操を迎える。曹操が徐州で大虐殺を行なうと失望し、呂布を兗州に引き込んで張邈とともに反乱を起こした。

陳羣　字は長文。潁川郡許県の人。荀彧の女婿。荀彧の後継者として順調に出世し、後継者争いでは、曹丕を支持した。曹丕が即位すると名士に有利な九品中正制度を献策した。

程普　字は徳謀。右北平郡土垠県の人。孫堅以来の宿将で、呉軍の最年長として尊重され「程公」と呼ばれた。赤壁の戦いでは、周瑜とともに全軍の最高指揮官に任命された。

董允　字は休昭。南郡枝江県の人。太子舎人として劉禅に仕え、その即位後は、黄門侍郎として劉禅をよく補導した。

鄧艾　字は士載。義陽郡棘陽県の人。司馬懿に見出され、運河を利用して屯田と輸送を両立させる策を献策した。鍾会とともに蜀漢を討ち成都を攻略したが、讒言により殺された。

陶謙　字は恭祖。丹陽郡の人。はじめ張温の部下であったが、黄巾討伐のため徐州刺史となった。のち曹操の攻撃を受け、民まで殺戮された。

鄧芝　字は伯苗。義陽郡新野県の人。劉備の死後、諸葛亮に進言して、孫呉への使者となり、同盟を結び直した。

董卓　字は仲穎。隴西郡臨洮県の人。何進の宦官誅滅の詔を受け、洛陽に向かい、混乱の中、少帝と陳留王（献帝）を保護した。献帝を擁立したのちは宮廷で権勢をほしいままにしたが、呂布の裏切りにより、殺害された。

杜預　字は元凱。京兆尹杜陵県の人。司馬昭の妹をめとり抜擢される。『春秋左氏経伝集解』を著し、司馬氏の皇帝殺害などを正統化。羊祜の後任として、孫呉を滅ぼした。

馬謖　字は幼常、襄陽郡宜城県の人。兄の馬良は、諸葛亮に兄事していた。亮は、南征に際し、「心を攻めよ」と進言した馬謖の才能を愛し、北伐で、最も重要な街亭の戦いに抜擢した。しかし、命に背き、張郃に敗北して処刑された。

馬超　字は孟起。扶風茂陵県の人。涼州に勢力を有したが、曹操が漢中を攻めると危険を感じて、反旗を翻した。曹操に敗れた後、張魯に身を投じ、やがて劉備に仕えた。涼州への影響力により高位に抜擢されたが、病死した。

馬良　字は季常。襄陽郡宜城県の人。諸葛亮とともに「蜀科」を制定し、夷陵の戦いの際には、武陵蛮の支持獲得に努めたが、戦死した。

費禕　字は文偉。江夏郡鄳県の人。諸葛亮に高く評価され、孫呉への使者となり、北伐にも随行。亮の死後、蔣琬とともに蜀漢を支え、北伐を焦る姜維には、一万以上の兵を与えなかった。

麋竺　字は子仲。東海郡の人。伝説的な大商人で、陶謙の死後、徐州を劉備に託した。妹を劉備に嫁がせ、財政的に劉備を支えた。

費曜　曹魏の将軍。諸葛亮の陳倉包囲に対して、曹真の指示を受けて、救援にあたったが、祁山で諸葛亮に敗退した。

法正　字は孝直。扶風郡郿県の人。張松とともに劉備に通じ、その益州征服を支援。入蜀後の劉備の寵愛を受け、諸葛亮に対抗できる地位に就いた。

龐統　字は士元。襄陽郡の人。諸葛亮と並び「鳳雛」と称された。劉備に仕え、益州侵攻の参謀として従軍し、劉備に益州侵攻のための三策を献じた。その策により、益州は劉備が支配するが、龐統自身は雒城攻撃中に戦死した。

孟獲　南中の有力者。建寧太守の雍闓が、蜀漢に反乱を起こした際、南蛮を率いた。諸葛亮は、孫呉との外交関係を修復して南征し、蜀漢への帰順を誓わせた。

孟達　字は子達。扶風郡の人。法正とともに劉備を益州に迎えたが、関羽を救援しなかったため、曹魏に降服した。のち諸葛亮と呼応して曹魏に反乱を謀るが、司馬懿に滅ぼされた。

楊儀　字は威公。襄陽郡の人。尚書令の劉巴と折り合いが悪く左遷されていたが、諸葛亮に参軍に抜擢され、部隊編成や軍糧を担当した。魏延とも仲が悪く、魏延が背く原因となった。

陸遜　字は伯言。呉郡呉県の人。呉の四姓の筆頭で、孫策に殺された陸康の一族の生き残り。孫策の死後、その娘をめとり孫権に出仕した。のち呂蒙と協力して、関羽の守る荊州を奪いとり、攻めよせた劉備を夷陵の戦いで破った。

李厳　字は正方。南陽郡の人。益州で劉備に降服したのち、尚書令として諸葛亮とともに劉禅を補佐した。諸葛亮の信任のもと、兵糧の補給に努めたが、失敗をごまかし、平民にされた。

劉璋　字は季玉。父の劉焉を継いで益州牧となるが、政権の軍事的基盤である東州兵と益州豪族との対立を激化させた。やがて張松や法正の手引きを受けた劉備に攻められ益州を失った。

劉諶　劉禅の五男。北地王。滅亡に際して、徹底抗戦を主張したが、父に入れられず劉備の廟の前で自殺した。

劉禅　字は公嗣。劉備の長男で、幼名は阿斗。季漢の第二代皇帝。荊州で劉備が曹操に敗れた際には趙雲に救われた。即位後は、諸葛亮を相父と呼んで全権を委任した。しかし、亮の死後、国政を乱し、魏に降服した。

劉琮　劉表の次男であったが、劉表政権を支えた蔡瑁と親しく、兄の劉琦を差し置いて後継者となった。その際に南下した曹操に荊州をあげて降服し、青州刺史となった。

劉備　字は玄徳。涿郡の人。中山靖王劉勝の後裔とされる。関羽・張飛を従え、傭兵集団として各地で戦い、荊州で諸葛亮を得て根拠地を確保し、益州を取って蜀漢を建国した。しかし、関羽の復讐戦に大敗、白帝城で病没した。

劉表　字は景升。山陽郡高平県の人。漢室の一族で荊州牧。

蔡瑁・蒯越らの協力により安定した統治を実現した。平和を求めて司馬徽や諸葛亮など多くの知識人が荊州学と呼ばれる学問を形成した。曹操が南下した直後に病死する。

廖化　字は元倹。襄陽郡の人。関羽の主簿として呉に降服したが、その後、劉備に帰参、右車騎将軍まで出世した。

呂布　字は奉先。五原郡九原県の人。三国時代最強の武将。ただし、卓越するものは個人的武力であり、群雄として根拠地を維持し、兵を養っていく力には欠けていた。そのため裏切りと放浪を繰り返し、下邳で曹操に殺された。

呂蒙　字は子明。汝南郡富陂県の人。若いころは武力一辺倒であったが、孫権に諭されて勉学に励み、魯粛にその成長ぶりを「呉下の阿蒙にあらず」と評された。魯粛の後任として、関羽を挟撃して荊州を奪ったが、直後に病死した。

霊帝　劉宏、後漢の第十二代皇帝。外戚の竇武が政権を運営したが、党錮の禁により、実権は宦官に奪われた。その結果、黄巾の乱が起こり、政局は混迷を極めた。

魯粛　字は子敬。臨淮郡東城県の人。周瑜に評価されて名士となり、孫権に長江流域を領有して皇帝となり、天下を三分すべきことを勧めた。赤壁の戦いの後には、曹操への対抗のため、劉備の勢力拡大を支援した。

盧植　字は子幹。涿郡涿県の人。若くして鄭玄とともに馬融に師事した。文武の才能を兼ね備え、黄巾の乱の討伐でも戦功を挙げた。のちに董卓の皇帝廃立に単身抗議して免官された。

	曹操		孫氏
	騎都尉として黄巾を討伐		孫堅、朱儁の配下として黄巾を討伐
			孫堅、長沙で區星の乱を平定
	新設の西園八校尉の典軍校尉となる		
	反董卓連合で行奮武将軍となる 滎陽の戦いで董卓の部下徐栄に大敗		
	荀彧、袁紹のもとを去り曹操に仕える		孫堅、洛陽に一番乗り
	兗州で黄巾を平定、青州兵に組織		孫堅、劉表の部下黄祖と戦い死去
	匡亭の戦いで袁術を大破 陶謙を徐州に討ち、民を虐殺		
	第二次徐州遠征中、陳宮・張邈が呂布を引き入れて兗州で反乱		
	定陶の戦いで呂布を大破		
	献帝を許に迎える 屯田制を許で開始		

三国志　年表

西暦	年号	後漢／群雄		劉備
184年	光和七年	太平道の張角、黄巾の乱を起こす		関羽・張飛とともに義兵を起こす
187年	中平四年	馬騰、韓遂の乱に加わり、三輔に侵攻		
188年	中平五年	賈龍、益州で馬相の乱を平定 刺史を牧と改称		
189年	中平六年	霊帝崩御		
189年	光熹元年	少帝（劉弁）即位、何太后臨朝 何進が宦官に殺され、袁紹が宦官を掃討		
189年	永漢元年	董卓、少帝を廃し、献帝（劉協）擁立		
190年	初平元年	袁紹を盟主に反董卓連合結成 董卓、長安へ遷都、洛陽に放火		反董卓連合に公孫瓚の客将として参加
191年	初平二年	袁紹、韓馥より冀州の実権奪う		
192年	初平三年	袁紹、界橋の戦いで公孫瓚を破る 王允・呂布、董卓を殺害 李傕・郭汜ら、王允・呂布を破る		
193年	初平四年	下邳の闕宣、天子を僭称		
194年	興平元年			
195年	興平二年	長安で李傕と郭汜が争う 献帝、長安を脱出		陶謙から徐州を譲り受ける
196年	建安元年	献帝、洛陽到着、許に遷都		呂布に徐州を奪われる

	曹操		孫氏
			孫策、皇帝を僭称した袁術と絶縁
	下邳の戦いで、呂布を斬る		
			孫策、黄祖と劉表の軍を撃破
	官渡の戦いで袁紹を破る		孫策、江東統一 孫策、暗殺され、孫権が後を嗣ぐ
	鄴城攻略		
	袁譚討伐		
	烏桓遠征		
	三公を廃し、丞相を設けて就任 孔融を処刑 劉琮を降服させる 赤壁の戦いに大敗		魯粛、劉備と会見し同盟を模索 孫権、開戦を決意し、周瑜を大都督に任命 周瑜、赤壁の戦いで曹操を破る
	銅雀台造営		周瑜が病死、魯粛が大都督を嗣ぐ
	関中遠征		
	荀彧、憂死		
	濡須口の戦いで孫権に敗退 魏公の位に就く		孫権、濡須口の戦いで曹操を撃退

西暦	年号	後漢／群雄		劉備
197年	建安二年	袁術、皇帝を僭称		
198年	建安三年	呂布、下邳で曹操に敗れる		
199年	建安四年	袁紹、公孫瓚を滅ぼす		車冑を殺し、徐州で独立
200年	建安五年	董承らの曹操暗殺計画発覚 袁紹、官渡の戦いに敗れる		曹操に徐州で敗れ、袁紹のもとへ 関羽、二夫人を守り曹操のもとへ 関羽、曹操のもとを辞す
201年	建安六年	袁紹、倉亭の戦いに敗れる		荊州牧の劉表の客将となる
202年	建安七年	袁紹死去		
204年	建安九年			
205年	建安十年	黒山賊の張燕、曹操に降服		
207年	建安十二年			三顧の礼で諸葛亮を招聘
208年	建安十三年	荊州牧の劉表、薨去し次子の劉琮が嗣ぐ		新野で曹操に敗れるが、長坂の戦いで張飛が曹操軍を食い止める 趙雲、阿斗（劉禅）を救う 諸葛亮、使者となり呉と同盟 赤壁の戦いの後、荊州南部を支配
209年	建安十四年	伏完、曹操に誅殺される		呉の孫夫人（孫権の妹）を娶る
210年	建安十五年			
211年	建安十六年			劉璋に招かれて入蜀
212年	建安十七年	馬騰、曹操に誅殺される		
213年	建安十八年			

	曹操		孫氏
	宋建を討伐		荊州の領有をめぐり、劉備と対立
	娘を皇后にする 漢中の張魯を平定		孫権、合肥で張遼らに大敗
	魏王に即位 匈奴の呼廚泉が来朝		
	疫病蔓延、建安の七子の多く逝く		
	劉備に敗れ、漢中から撤退 樊城を守る曹仁の援助に徐晃を派遣、関羽を撃破		呂蒙を指揮官として荊州南郡を攻略 曹操と同盟を結び、関羽を斬る
	曹操薨去		
年号（曹魏）	曹魏	年号（孫呉）	孫呉
黄初元年	曹丕（文帝）、献帝より禅譲を受け、帝位に就く（漢魏革命） 陳羣の献策で、九品中正制度制定	建安二十五年	
黄初二年	文帝、孫権を呉王に封建	建安二十六年	曹魏に臣従し、呉王に封建される
黄初三年		黄武元年	陸遜が夷陵の戦いで蜀漢を破る 曹魏から自立、元号を建てる
黄初四年	曹仁、曹彰が病死	黄武二年	朱桓が濡須口の戦いで曹魏を破る
黄初五年		黄武三年	
黄初六年		黄武四年	

西暦	年号	後漢／群雄		劉備
214年	建安十九年	馬超、張魯を頼り、のち劉備に帰順 伏皇后、廃位され賜死		劉璋を降して益州を得る
215年	建安二十年	曹操の娘、皇后に立てられる		荊州南部を分割し、孫権と和解
216年	建安二十一年			
217年	建安二十二年			漢中に兵を進める
218年	建安二十三年	吉本、暗殺を計り曹操に誅殺される		
219年	建安二十四年	魏諷の乱を曹丕が平定		漢中を曹操から奪い、漢中王に即位 関羽、曹操と孫権に挟撃され死去
220年	建安二十五年	後漢滅亡		孟達、曹丕に降服
			年号（蜀漢）	蜀漢
220年			建安二十五年	
221年			章武元年	劉備（昭烈帝）、帝位に就く 関羽の報復のため呉に進撃 張飛、部下の裏切りで殺される
222年			章武二年	劉備、夷陵の戦いで大敗を喫す
223年			建興元年	劉備、白帝城で崩御し、劉禅が即位
224年			建興二年	鄧芝を派遣して、孫呉と再び同盟
225年			建興三年	諸葛亮、南征

年号（曹魏）	曹魏	年号（孫呉）	孫呉
黄初七年	曹丕が崩御、曹叡（明帝）が即位	黄武五年	
太和元年		黄武六年	
太和二年	司馬懿、孟達の反乱を平定 石亭の戦いに敗れる	黄武七年	石亭の戦いで、周魴が魏を破る
太和三年		黄龍元年	孫権（大帝）、帝位に就く
太和四年	蜀漢に侵攻、大雨で撤退	黄龍二年	夷州・亶州を探索
太和五年		黄龍三年	
太和六年	陳思王の曹植、薨去	黄龍四年	
青龍元年	満寵、呉の攻撃を合肥新城で撃退	黄龍五年	合肥新城を攻めるが、敗退
青龍二年	山陽公の劉協（もとの献帝）、薨去	黄龍六年	
青龍三年	司馬懿、太尉となる 幽州刺史の王雄、鮮卑の軻比能を暗殺	嘉禾四年	
景初三年	明帝崩御、曹芳（少帝）即位 卑弥呼、親魏倭王に封ぜられる 曹爽が何晏らと共に、権力を振るう	赤烏二年	廖式が反乱を起こし、呂岱が討伐する
正始四年	卑弥呼の使者、再び来貢する	赤烏六年	
正始五年	曹爽、漢中に攻め込み大敗	赤烏七年	陸遜、丞相になる
正始七年	毌丘倹、高句麗王の位宮を討ち、首都丸都を陥落させる	赤烏九年	歩騭、丞相になる

西暦	年号	後漢／群雄	年号（蜀漢）	蜀漢
226年			建興四年	
227年			建興五年	諸葛亮、「出師の表」を奉り、北伐を開始（第一次北伐）
228年			建興六年	馬謖、街亭の戦いで大敗 諸葛亮が「後出師の表」を奉り、第二次北伐を開始し、陳倉を包囲
229年			建興七年	第三次北伐で、武都・陰平を獲得
230年			建興八年	
231年			建興九年	第四次北伐の上邽の戦いで司馬懿を破る
232年			建興十年	
233年			建興十一年	
234年			建興十二年	第五次北伐、五丈原で諸葛亮、陣没 楊儀、魏延の乱を鎮圧
235年			建興十三年	楊儀、政治に不満を述べ、失脚 蔣琬、大将軍・録尚書事となる
239年			延熙二年	蔣琬、大司馬となる
243年			延熙六年	費禕、大将軍・録尚書事となる
244年			延熙七年	費禕、曹魏軍を撃破
246年			延熙九年	姜維、衛将軍となり、国政に参与

年号（曹魏）	曹魏	年号（孫呉）	孫呉
正始十年	司馬懿、曹爽とその一派を誅殺して政権を奪取（正始の政変）	赤烏十二年	
嘉平四年	司馬師、大将軍となる	神鳳元年 建興元年	孫権崩御 孫亮（会稽王）即位
嘉平六年 正元元年	司馬師、皇帝曹芳を廃し、斉王とする 司馬師、曹髦（高貴郷公）を帝位に就ける	五鳳元年	
正元二年	司馬師、毌丘倹・文欽の挙兵を討伐 司馬昭、大将軍・録尚書事となる	五鳳二年	孫峻、寿春に侵攻し、諸葛誕に敗れる
甘露元年		太平元年	孫綝、大将軍となる
甘露三年	司馬昭、諸葛誕を滅ぼす 司馬昭、相国となり、晋国に封建される	太平三年 永安元年	孫綝、孫亮を廃し、会稽王とする 孫綝、孫休を即位させる 孫休、丁奉・張布と計り、孫綝を誅殺
甘露五年	曹髦、司馬昭に対して挙兵し、弑殺される 司馬昭、曹奐（元帝）を即位させる	永安三年	
景元四年	司馬昭、鄧艾・鍾会に蜀漢を滅ぼさせる		
		永安七年	孫休（明帝）崩御 孫晧即位
		甘露元年	孫晧、武昌に遷都
		天紀三年	張悌、丞相となる

〈祥伝社新書〉
歴史から学ぶ

168
ドイツ参謀本部 その栄光と終焉
組織とリーダーを考える名著。「史上最強」の組織はいかにして作られ、消滅したか？
上智大学名誉教授 渡部昇一

361
国家とエネルギーと戦争
日本はふたたび道を誤るのか。深い洞察から書かれた、警世の書！
渡部昇一

366
はじめて読む人のローマ史1200年
建国から西ローマ帝国の滅亡まで、この1冊でわかる！
早稲田大学特任教授 本村凌二

392
海戦史に学ぶ
名著復刊！ 幕末から太平洋戦争までの日本の海戦などから、歴史の教訓を得る
元・防衛大学校教授 野村 實《みのる》

351
英国人記者が見た
連合国戦勝史観の虚妄
滞日50年のジャーナリストは、なぜ歴史観を変えたのか？ 画期的な戦後論の誕生！
ジャーナリスト ヘンリー・S・ストークス

渡邉義浩　わたなべ・よしひろ

1962年東京都生まれ。筑波大学大学院歴史・人類学研究科博士課程修了。現在、早稲田大学文学学術院教授。専門は中国古代思想史。三国志学会事務局長もつとめる。著書に『三国志―演義から正史、そして史実へ』(中公新書)、『三国志　英雄たちと文学』(人文書院)、『一冊でまるごとわかる三国志』(だいわ文庫)など多数。尊敬する登場人物は諸葛亮孔明。

三国志《さんごくし》　運命《うんめい》の十二《じゅうに》大決戦《だいけつせん》

渡邉義浩《わたなべよしひろ》

2016年3月10日　初版第1刷発行

発行者……………辻 浩明
発行所……………祥伝社《しょうでんしゃ》
〒101-8701　東京都千代田区神田神保町3-3
電話　03(3265)2081(販売部)
電話　03(3265)2310(編集部)
電話　03(3265)3622(業務部)
ホームページ　http://www.shodensha.co.jp/

装丁者……………盛川和洋
印刷所……………堀内印刷
製本所……………ナショナル製本

Printed in Japan　ISBN978-4-396-11457-2　C0222

★100字書評……三国志　運命の十二大決戦

名前

住所

年齢

職業

切りとり線

★読者のみなさまにお願い

この本をお読みになって、どんな感想をお持ちでしょうか。祥伝社のホームページから書評をお送りいただけたら、ありがたく存じます。今後の企画の参考にさせていただきます。また、次ページの原稿用紙を切り取り、左記まで郵送していただいても結構です。

お寄せいただいた書評は、ご了解のうえ新聞・雑誌などを通じて紹介させていただくこともあります。採用の場合は、特製図書カードを差しあげます。

なお、ご記入いただいたお名前、ご住所、ご連絡先等は、書評紹介の事前了解、謝礼のお届け以外の目的で利用することはありません。また、それらの情報を6カ月を越えて保管することもありません。

〒101-8701（お手紙は郵便番号だけで届きます）
祥伝社新書編集部
電話03（3265）2310
祥伝社ホームページ http://www.shodensha.co.jp/bookreview/

★本書の購入動機（新聞名か雑誌名、あるいは○をつけてください）

＿＿＿＿ 新聞の広告を見て	＿＿＿＿ 誌の広告を見て	＿＿＿＿ 新聞の書評を見て	＿＿＿＿ 誌の書評を見て	書店で見かけて	知人のすすめで

西暦	年号	後漢／群雄	年号（蜀漢）	蜀漢
249年			延熙十二年	夏侯覇、来降する
252年			延熙十五年	
254年			延熙十七年	
255年			延熙十八年	姜維、狄道に侵攻し、曹魏の陳泰に防がれる
256年			延熙十九年	姜維、大将軍となる 姜維、祁山に侵攻し、曹魏の鄧艾に防がれる
258年			景耀元年	
260年			景耀三年	
263年			炎興元年	劉禅、曹魏に降服し、蜀漢滅亡
264年	景元五年	衛瓘、成都に入り鄧艾を捕縛 鍾会、姜維と結び背くが、衛瓘に平定される		
265年	咸熙二	司馬昭、薨去 司馬炎、相国・晋王となる 司馬炎、魏帝曹奐に迫って禅譲を行なわせ、曹魏を滅ぼす		
	年号（西晉）			
265年	泰始元年	司馬炎（武帝）、即位。		
279年	咸寧五年	賈充、杜預・王濬らと呉に侵攻		
280年	咸寧六年	呉帝孫晧、降服し、三国統一される		